新疆大学铸牢中华民族共同体意识研究丛书

钱穆文化－道德观研究

姚　楠／著

社会科学文献出版社
SOCIAL SCIENCES ACADEMIC PRESS (CHINA)

新疆大学铸牢中华民族共同体意识研究丛书序言

铸牢中华民族共同体意识是习近平总书记做出的重大原创性论断，是马克思主义民族理论中国化时代化的最新成果，是新时代党的民族工作和民族地区各项工作主线。党的十八大以来，习近平总书记多次强调大力培育和铸牢中华民族共同体意识。党的十九大报告指出："全面贯彻党的民族政策，深化民族团结进步教育，铸牢中华民族共同体意识，加强各民族交往交流交融，促进各民族像石榴籽一样紧紧抱在一起，共同团结奋斗、共同繁荣发展。"党的二十大报告再次强调："以铸牢中华民族共同体意识为主线，坚定不移走中国特色解决民族问题的正确道路。"

铸牢中华民族共同体意识的提出，以及其历史逻辑、理论逻辑、实践逻辑的深化，与新疆有密切关系。新疆自古以来就是多民族聚居地区，各民族交往交流交融的历史基础深厚。2014年5月，在第二次中央新疆工作座谈会上，习近平总书记鲜明提出牢固树立"中华民族共同体意识"。2020年9月，在第三次中央新疆工作座谈会上，习近平总书记再次强调，要以铸牢中华民族共同体意识为主线，不断巩固各民族大团结，同时对新时代党的治疆方略与铸牢中华民族共同体意识的关系，做了充分的阐释。2023年8月，习近平总书记在听取新疆维吾尔自治区党委和政府、新疆生产建设兵团工作汇报时指出，铸牢中华民族共同体意识是新时代党的民族工作的主线，也是民族地区各项工作的主线。新疆工作在党和国家工作全局中具有特殊重要的地位，在中国式现代化进程中更好建设美丽新疆，事关强国建设、民族复兴大局。

"新疆大学铸牢中华民族共同体意识研究基地"的成立可谓恰逢其时，意义重大。2020年2月，党和国家谋篇布局，中央统战部、中央宣传部、教育部、国家民委联合发文，批准新疆大学设立"铸牢中华民族共同体意识研究基地",并将基地定位为铸牢中华民族共同体意识与党的治疆方略研究的高端智库平台。经过第一个周期（2020～2022 年）建设，基地发挥自身特色，与新疆大学马克思主义理论"一流学科"深度融合，凝练成了马克思主义基本原理与铸牢中华民族共同体意识基本理论研究、马克思主义民族理论中国化与经典著作研究、习近平新时代中国特色社会主义思想与新时代党的治疆方略研究、边疆多民族地区高校思想政治教育理论与实践研究、西北边疆治理的历史与基本问题研究等五个重点研究方向，承担国家社科基金"铸牢中华民族共同体意识"重大专项，开展铸牢中华民族共同体意识教育并落实立德树人根本任务，积极服务涉疆舆论斗争和地方经济社会高质量发展，产出了一批有影响力的研究成果，在决策咨询、科学研究、人才培养、社会服务等方面发挥了重要作用。

2022 年 7 月 12 日，习近平总书记亲临新疆大学铸牢中华民族共同体意识研究基地考察，对基地提出明确要求："要坚持走中国特色解决民族问题的正确道路，不断丰富和发展新时代党的民族理论，推进中华民族共同体基础性问题研究。"这为新疆大学铸牢中华民族共同体意识研究基地开展铸牢中华民族共同体意识理论研究和实践工作指明了方向，提供了根本遵循；同时，也为全国铸牢中华民族共同体意识研究基地建设明确了发展目标，指明了中心任务。

为进一步加强铸牢中华民族共同体意识基础理论研究，新疆大学铸牢中华民族共同体意识研究基地推出"新疆大学铸牢中华民族共同体意识研究丛书"。该丛书不仅将在宣介、推广近年关于铸牢中华民族共同体意识学术研究成果方面发挥积极作用，也必将更好地在服务新时代党的治疆方略、促进新疆经济高质量发展、实现社会稳定和长治久安等方面发挥重要作用。

是为序。

中国社会科学院民族学与人类学研究所所长、研究员

2023 年 9 月 29 日

探究文化特质　弘扬中国精神

——姚楠著《钱穆文化-道德观研究》序言

肖群忠

　　姚楠博士著《钱穆文化-道德观研究》一书即将出版，请我写一序言，作为她的导师，既义不容辞，也非常乐意。在此，我从选题、研究意义、学术贡献和期待几个方面谈谈我的一点浅见，以表祝贺与推介之意。

　　这本书是在其博士学位论文的基础上，经过日后的沉潜、充实、修改而成的，质量较之博士学位论文又有了很大提高，这是令我非常高兴的事。她在中国人民大学学习7年，硕士、博士学位论文都是我指导的，自然，她的论文的选题也是经过我们师生商量而确定的。每一位学人都有自己特别中意的学者，我的专业研究方向主要是伦理学与中国传统伦理，在现代新儒家或者国学学者中，我最敬重与喜欢的大家有冯友兰、钱穆、韦政通，深为他们博大精深的学问，准确透彻的思想高论，雅俗共赏、晓畅明晰的语言表达所折服。特别是后两位的著作我买的或者读的比较多，甚至有时有这样的想法，如果没有工作压力，如果能认真地研读完钱穆先生的全集，必能以此为门径，比较准确全面地掌握中华文化的要旨。正是因为有这样的想法，我自己做不到的，就想让学生去做。因此，在2019年毕业的我的五位博士生中，我让其中的两位分别写了韦政通和钱穆，关于韦政通的那本已在台湾印行出版，我也写了序言，关于钱穆的就是姚楠博士的这本书了。钱穆先生无疑是现代中国一位非常著名的学者，他的年资和立场，以我之见，可被视为第一代新儒家，他的著作和学术思想影响深远。2010年前后，其50多卷的全集也从台湾引进大陆出版，我时在中国人民大学图书馆兼职工作，还及时将此消息告诉了钱先生之子——清华的钱逊教授。近年来甚至还有一个专门的微信公众号"钱穆与中国文化"，每天都推送钱先生的学术观点集萃，间或发一些马一浮、南怀瑾先生的观点精要和诗词，可见，钱先生的学术思想在大陆已有广泛影响。作为晚学，我们自然无法亲炙先生之学，只能通过阅读先生的著作学习他的思想学说。先生的著作卷帙浩繁，学问博大，如此重要的人物肯定是值得学习研究的，但作为倡导问题意识的现代学术研究，自然只能从一定的问题入手，才可能在比较短的时间里取得较好的效果，因此，经过师生研究商量，反复推敲，将问题逐步缩小，如过去曾经想以"钱穆伦理思想研究"为题，后来觉得太大，逐步将问题集中于钱穆先生的文化观、道德观及二者的关系，因此，最终形成了这个选题。显然，这个问题不仅是钱先生国学文化思想的特点，也是他对中国文化特质和中国精神的独特论述和突出贡献。

这项研究的意义，在当时还多出于学术自身的考量，即认为钱先生的文化-道德观符合中国文化的客观存在状态，对诠释、理解中国文化具有非常重要的启发借鉴意义，对传承弘扬传统伦理和建构具有中国特色的现代伦理学具有非常深刻的方法论意义。

我曾认为当代伦理学的思维与研究范式有很多，例如有一种思维与研究范式，就是来自西方的把伦理道德仅作为哲学反思、认知的知识对象，这作为一种学术努力固然是必要的，但其知识论而非人生论的范式对道德的实践助益有限，与中国传统文化视道德为人生实践和知行合一的观念大异其趣，因此，我特别看重钱穆先生诠释理解中国伦理是中国文化的一部分而且是其核心和灵魂的观点，觉得这才是理解中国伦理，建设具有中国问题意识和中国话语方式的当代中国伦理学的合理诠释路径和方法。姚楠博士也理解我的思路和想法，积极地去探究钱穆先生文化思想的这个特质与贡献。

几年后的今天，从实践的角度再来看这项研究的意义与价值，就更加显得重要。习近平文化思想的一个重要特点就是对中华优秀传统文化的重视与弘扬。2021 年 3 月 22 日，习近平总书记来到福建考察，首日就来到了武夷山九曲溪畔的朱熹园，详细了解朱熹生平及理学研究等情况。故地重游，鉴古知今，一路感慨于所见所闻，习近平表示："我们走中国特色社会主义道路，一定要推进马克思主义中国化。如果没有中华五千年文明，哪里有什么中国特色？如果不是中国特色，哪有我们今天这么成功的中国特色社会主义道路？我们要特别重视挖掘中华五千年文明中的精华，弘扬优秀传统文化，把其中的精华同马克思主义立场观点方法结合起来，坚定不移走中国特色社会主义道路。"① 2021 年 7 月 1 日，习近平总书记"在庆祝中国共产党成立 100 周年大会上的讲话"中，首次明确提出在新的征程上，要"坚持把马克思主义基本原理同中国具体实际相结合、同中华优秀传统文化相结合，用马克思主义观察时代、把握时代、引领时代，继续发展当代中国马克思主义、21 世纪马克思主义"②。习近平总书记 2022 年 5 月 27 日在中共中央政治局第三十九次集体学习时的讲话中指出："要把中华文明起源研究同中华文明特质和形态等重大问题研究紧密结合起来，深入研究阐释中华文明起源所昭示的中华民族共同体发展路向和中华民族多元一体演进格局，研究阐释中华文明讲仁爱、重民本、守诚信、崇正义、尚和合、求大同的精神特质和发展形态，阐明中国道路的深厚文化底蕴。"③ 党的二十大报告继承了这"两个结合"的表述。"中国特色社会主义道路是在马克思主义指导下走出来的，也是从五千多年中华文明史中走出来的；'第二个结合'让中国特色社会主义道路有了更加宏阔深远的历史纵深，拓展了中国特色社会主义道路的文化根基。"④ 这充分体现出党在培育社会主义核心价值观、引领中国社会发展时对中华优秀传统文化的重视。那么，我们中华文化的特质究竟是什么？钱穆先生认为这就是中华文化的崇德精神。他在其著作中多次对这个问题从不同角度予以阐发论证。

"中国文化精神最主要的，乃在'教人怎样做一个人'。做人的道理和理想，应该怎样做人，这是中国人最喜爱讲的。西方文化，似乎比较并不看重此方面，他们所更看重的似乎在人怎样来创物。中国文化看重如何'做人'；西方文化看重如何'成物'。因此中国文化更重在'践行人道'；而西方文化则更重在'追寻物理'。"⑤ "西方科学该学，但不能学西方人做人。""照中国人想法，无论学什么，先要学'为人'，学为人，要'尽人道'。"⑥

① 《闽山闽水物华新——习近平福建足迹》（下），人民出版社、福建人民出版社，2022，第504 页。
② 习近平：《在庆祝中国共产党成立 100 周年大会上的讲话》，人民出版社，2021，第 13 页。
③ 《习近平在中共中央政治局第三十九次集体学习时强调　把中国文明历史研究引向深入推动增强历史自觉坚定文化自信》，《人民日报》2022 年 5 月 29 日。
④ 习近平：《在文化传承发展座谈会上的讲话》，人民出版社，2023，第 7 页。
⑤ 钱穆：《中国文化精神》，九州出版社，2017，第 21 页。
⑥ 钱穆：《中国文化精神》，九州出版社，2017，第 23 页。

"中国文化,最简切扼要言之,乃以教人做一'好人',即做天地间一'完人',为其文化之基本精神者。此所谓好人之'好',即孟子之所谓'善',中庸之所谓'中庸',亦即孔子之所谓'仁'。而此种精神,今人则称之曰'道德精神'。换言之,即是一种'伦理精神'。"①

"中国民族经过千辛万苦,绵历四五千年的历史生命,直到现在,始终存在着,就是依靠这一种道德精神。""世界上任何一民族,没有能像中国这样大,这样久,这因中国往往在最艰苦的时候,能发挥出它的道德精神来,挽救危机,这应即是我们的宗教。中国以往文化精神正在此,以后的光明前途也在此。"②"所以中国人的国家观念,是一种'道德的'国家,或是'文化的'国家,所以必然要达成到'天下的'国家。"③

姚楠博士的这项研究和本书对这种文化特质和中国精神的理解把握相当精准,正如她在本书"绪论"中开宗明义所言:"钱穆先生的文化思想,最为突出之处,在于对中国文化崇德向善特质的彰显、对中国文化道德精神的推崇,以及对中国传统文化发展延续的信心。""钱穆先生在其文化著述中言及较多,主要目的在于从中西文化的区别和差异中,体现中国传统文化的崇德向善特质、道德精神和中国文化的自我定位,激发国人对中国传统文化的认可和自信,推动中国传统文化的'存'与'续'。"显然,这种研究不仅具有重要的国学、儒学、传统文化研究的学术积累价值,更具有非常重要的实践价值,对推动马克思主义中国化、时代化进入新境界,对传统文化与传统道德的创造性转化与创新性发展,彰显中国文化特质、弘扬中国崇德向善之民族文化精神具有重要的启迪与借鉴价值。

作者查阅了大量钱穆研究的一手文本文献和丰富的学术资料,其研究是在前人基础上继续前进的,这体现出一种严肃的学术态度,本书在全面解析钱穆先生治学路径、学问和思想特点的基础上,着意从其文化观、道德观,特别是二者关系的角度和问题意识来分析阐发钱穆先生的学术思想,在归纳概括、还原诠释的基础上,得出了诸多自己独特的观点和结论,如:"钱穆先生所持的是一种人文主义的文化观,他将文化定义为'人类大群的

① 钱穆:《人生十论》,九州出版社,2016,第65页。
② 钱穆:《中国文化精神》,九州出版社,2016,第146页。
③ 钱穆:《中国历史精神》,九州出版社,2016,第29页。

集体生活'，强调人、人生以及生活之于文化的主体地位和重要性。""钱穆先生在对道德的诠释过程中总是将其置于文化的背景和语境之中，将道德与人们的生活紧密相连，强调道德之于个体、人生、生活、文化的意义与价值，强调道德之于中国文化的意义与价值。""钱穆先生的文化、道德思想以及从文化与道德关系的角度理解道德的思想对中国文化有深刻洞见，不仅厘清了中国文化与道德的关系，而且凸显了中国道德特有的文化诠释路径。这对我们深刻理解中国文化和道德思想有重要帮助，也对中国的文化建设和道德建设有一定的实践价值。""钱穆先生的治学路径，由历史而文化，其崇尚的价值取向，以儒家为本。""钱穆先生不仅是研究型学者，也是思想创造者。""（钱穆先生的文化-道德观）揭示中国传统文化所具有的道德属性和崇德特质，以及道德所具有的文化属性和生活特质。""以帮助我们更加全面、深入、客观地认识中国传统文化与中国传统道德，更好地促进中华优秀传统文化和道德的创造性转化和创新性发展。"以上这些观点和结论都是很有学术见地和较高学术水平的。总之，本书文献扎实，问题意识鲜明、思路清晰、分析得当，是一部有较高水平的学术专著。这本书的出版对于进一步推动钱穆学术思想研究，对于推动中国传统文化研究都很有助益。

希望姚楠博士作为以中国传统文化与中国伦理为主要研究对象的青年学者，在此研究的基础上继续努力前行，为马克思主义中国化时代化，为推动中华优秀传统文化的传承创新做出自己的贡献，希望她作为一位伦理学专业毕业的高校青年教师，将中国文化的崇德向善特质贯彻于自己的教学活动中，以此为重要的精神资源，为立德树人、培养德才兼备的人才做出自己的贡献。

2023 年 11 月 10 日于北京

（作者为中国人民大学哲学院教授，博士生导师）

目 录
CONTENTS

绪　论 …………………………………………………………………… 001

第一章　人文主义文化观 ………………………………………………… 026

　　第一节　文化的概念与构成 ……………………………………… 026

　　第二节　文化演进规律论 ………………………………………… 047

　　第三节　文化比较论 ……………………………………………… 056

第二章　以崇德向善为本的道德观 ……………………………………… 069

　　第一节　道德基础论 ……………………………………………… 069

　　第二节　道德要义论 ……………………………………………… 089

　　第三节　道德教养论 ……………………………………………… 099

第三章　中国文化与道德的关系 ………………………………………… 113

　　第一节　中西典型道德诠释路径析论 …………………………… 113

　　第二节　钱穆论中国文化与道德的关系 ………………………… 121

　　第三节　中国文化的崇德特质 …………………………………… 130

第四章　钱穆文化-道德观的价值 ……………………………………… 147

　　第一节　文化-道德观的学术贡献 ……………………………… 147

　　第二节　文化-道德观对文化建设的实践价值 ………………… 152

　　第三节　文化-道德观对道德建设的实践价值 ………………… 158

结　语 …………………………………………………………………… 164

参考文献 ………………………………………………………………… 171

绪　论

　　钱穆先生是我国著名的国学大师，他对中国传统文化有丰富研究和深刻洞悉，其治学门径，由历史而文化，其崇尚的价值取向，以儒家为本。钱穆先生的文化学研究，有其特定的时代背景和历史渊源，在中国传统文化的视域下，其以历史的眼光纵览中国文化发展历程，深刻洞悉中国文化的结构、层次、要素，总结中国文化的历史演进和发展规律，并对中西文化进行多角度、深层次的对比。钱穆先生的文化思想最为突出之处，在于对中国文化崇德向善特质的彰显、对中国文化道德精神的推崇，以及对中国传统文化发展延续的信心。

　　钱穆先生所持的是一种人文主义的文化观，他将文化定义为"人类大群的集体生活"，强调人、人生以及生活之于文化的主体地位和重要性。钱穆先生在对道德的诠释过程中总是将其置于文化的背景和语境之中，将道德与人的生活紧密相连，强调道德之于个体、人生、生活、文化的意义与价值，强调道德之于中国文化的意义与价值。在他看来，中国文化之所以最重视道德，不仅因为道德与中国人内在心理趋向与价值取向相契合，更因为，道德是每个人都无须依赖他人、他物而可行的，指导人们获得人生安乐、实现人生价值和意义的良方。所以需要以德育人、学以成人，并且需要通过德性的修养以及践行提升和达至完满的人生境界。

　　我们可以将钱穆先生这种从文化的视角、文化与道德关系的视角理解和诠释道德的路径称为文化-道德观。文化-道德观从文化的视角理解和诠释道德，并揭示出文化与道德之间的关系。在钱穆先生看来，文化即为人的生活，人的生活优先于道德而存在，道德是人们通过对生活的总结提升而达成的共识，所以道德来源于生活，道德来源于文化，文化是道德的母体和基础。通过对中华文化的分析，道德对经济、政治、科学、宗教、文学、艺术等要素起到统领和指导的作用；道德作为文化价值-规范系统的核心，为人生提供向善的安身立命之道，更指导人们追寻人生的价值和意义，所以，钱穆先生认为道德是文化的核心和灵魂。除此之外，文化与道德相互作用，文化发展是道德进步的根基，道德进步是文化发展的动力。

钱穆先生的文化、道德思想以及从文化与道德关系的角度理解道德的思想对中国文化有深刻洞见，不仅厘清了中国文化与道德的关系，而且凸显了中国道德特有的文化诠释路径。这对我们深刻理解中国文化和道德思想有重要帮助，也对中国的文化建设和道德建设有一定的实践价值。在文化建设方面，可以帮助国人对中国文化的主要内容、重要特质和核心精神有更加准确、深刻的认识，进而加强国人对中国文化精华的认同和自信，更好地推动中华优秀传统文化创造性转化和创新性发展。在道德建设方面，有助于进一步延续和培育中国文化崇德向善的特质和精神，帮助人们认识和体悟道德对生活和人生幸福的价值和意义，此外，有助于道德建设更加贴近民众生活和实践。

钱穆先生对于中国文化的研究，建基于其所处时代特定的背景。20世纪初的中国，外患与内忧并存，西方侵略势力的横征掠夺，国内民不聊生，使得中国出现空前的存亡困境，面临巨大的存续危机。对此，思想学术界悲愤不已，纷纷建言献计，试图找到救亡图存之道，新文化运动应运而生。新文化运动主要是一场针对中国文化变革和革新的运动。接受过西方新式教育和观念的思想家们通过对比思考，开始对中国传统文化产生怀疑甚至是进行批判，并且逐渐形成思潮。中国传统文化未来该向何处发展？中国该向何处去？面对中国传统文化当时所面临的思潮，钱穆先生首先批判主张"全盘西化"的历史虚无主义，进而为中国传统文化谋求正道出路，将当时的文化纲领确立为"以复兴儒学为主体"。正如钱穆先生所讲，"中华民族之前途，其唯一得救之希望，应在其自己文化之复兴。要复兴中国民族传衍悠久之文化，儒家思想的复兴，应该仍是其最主要之主源"。[1] 自20世纪40年代始，钱穆先生将其研究重点由史学转入文化学研究，立志为中国传统文化的复兴立论。钱穆先生关于中华文化的深刻洞见，在中华文化面临西方文化传入和影响的背景下，为强化和坚定中华文化立场和自信，

---

① 钱穆：《中国学术思想史论丛》（二），《钱宾四先生全集》（18），第1页。文中所引《钱宾四先生全集》均为台湾联经出版事业股份有限公司1998年版。

指明了道路。

习近平总书记指出："在历史长河中，中华民族形成了伟大民族精神和优秀传统文化，这是中华民族生生不息、长盛不衰的文化基因，也是实现中华民族伟大复兴的精神力量，要结合新的实际发扬光大。"① 时代的发展和进步对我们提出了新的要求，需要我们大力传承和弘扬中华优秀传统文化。要弘扬中华优秀传统文化，我们首先要做的就是去了解它，对中国历史、中华文化怀有"温情和敬意"。在钱穆先生的学术思想世界里，对于文化的研究独树一帜，钱穆先生之所以非常重视对文化的研究，在于他认识到当今中国乃至世界问题的根源和中心为文化问题。② 本着这样一种对文化的认识和定位，钱穆先生的学术重心由历史学转向文化学。

钱穆先生关于文化学的研究，有其特定的历史背景和渊源，但其对文化尤其是中国传统文化的研究和论断，仍然可以帮助我们更好地了解和认识中国传统文化。首先，在我国传统文化面临质疑和危机之时，钱穆先生勇敢地站出来，从文化结构、文化阶层、文化要素、文化演进、中西文化比较等不同的视野和角度维护中国传统文化的尊严和个性，主张对中国传统历史和文化要怀有"温情与敬意"，用"温情与敬意"在中国传统历史和文化中，找到其永恒不变的精神，作为"国家民族永久生命之源泉"，传承中华优秀传统文化的精华部分，并进行创新性发展与重建。其次，钱穆先生将文化定义为"人类大群的集体生活"，将文化的本质定义为人们的生活、人生，并且通过对人们内部生命的认知和理解，寻找和探讨人类文化的个体心性本体性根源和存在，让人们能够从哲学的角度去认识和理解文化，从自身的生活与亲身经历中去认知和体悟中国传统文化。最后，对当时的中西文化对比等热点问题，钱穆先生在其文化著述中言及较多，主要目的在于从中西文化的区别和差异中，体现中国传统文化的崇德向善特质、道德精神和中国文化的自我定位，激发国人对中国传统文化的认可和自信，推动中国传统文化的"存"与"续"。

钱穆先生的治学路径，由历史而文化，其崇尚的价值取向，以儒家为本。先生的著名弟子余英时曾经认为，钱穆先生看待儒学，一是从历史事

① 《习近平关于社会主义精神文明建设论述摘编》，中央文献出版社，2022，第233页。
② 钱穆：《文化学大义》，《钱宾四先生全集》（37），第1页。

实的层面，二是从信仰的层面。① 有学者将儒家学说的实质定义为"人学"，认为中国传统文化以儒家思想为主干，其特质和本质是偏重于讲如何做人的文化，也即中国人对自我的价值认知和定位。如何做人的问题，可以从三个方面理解，一是如何对待自己，二是如何对待他人，三是如何对待民族和国家。在钱穆先生的文化思想当中，始终贯彻以人为本的原则。在面对如何复兴中国传统文化、如何促进民族和国家的"存续"问题之时，钱穆先生常谈及心性、道德、伦理、礼法、尽性成德、止于至善、修养工夫、道德境界、内圣外王等中国传统伦理范畴，无处不彰显中国传统文化浓厚的道德特质和道德精神。除此之外，在钱穆先生所处时代的现实语境及西方文化传入的背景下，钱穆先生还对儒家思想的部分内容提出了自己独具特色的解读。由此可见，在文化学研究领域，钱穆先生不仅是研究型学者，也是思想创造者。其对于中国传统文化和道德的理解以传统儒家思想为基础，既照着儒家传统文化和道德思想的本真还原其主旨，更接续儒家传统文化和道德思想的主旨，阐释其具有传承性、创新性的文化和道德思想。这对于我们进一步认识和认同儒家传统和中国传统文化，具有很大的帮助。

钱穆先生在研究中国传统文化思想时，由于其以儒家思想为本，常言及中国传统文化与心性道德、道德修养、道德教育等的关系，并提出："中国传统文化，彻头彻尾，乃是一种'人道'精神、'德性'精神。"② 对此，我们有理由进一步关注到，在钱穆先生的中国传统文化语境下，文化与道德究竟会产生怎样的联系、具有怎样的关系，其单向及双向的关系具体呈现在哪些方面，钱穆先生对此有哪些独到的见解和论断。除此之外，由于钱穆先生将文化定义为人生、生活，所以我们更需要进一步去发掘道德与生活及人生的关系，探索从文化、生活的角度去理解和诠释道德的新思路。我们可以将相关的论述定义为文化-道德观。这对我们深化对道德的认识、对中国传统文化及其与道德的关系的认识，具有深刻的启发意义。

文化-道德观的实质是：从中国传统文化的角度、从人们生活及人生的角度去理解和诠释道德，在中国传统文化语境下，透析文化与道德之间的

---

① 余英时：《钱穆与新儒家》，载《钱穆与现代中国学术》，广西师范大学出版社，2006，第39页。

② 钱穆：《民族与文化》，《钱宾四先生全集》（37），第50页。

包含与被包含、影响与被影响等的关系，揭示中国传统文化所具有的道德属性和崇德特质，以及道德所具有的文化属性和生活特质，以帮助我们更加全面、深入、客观地认识中国传统文化与中国传统道德，更好地促进中华优秀传统文化和道德的创造性转化和创新性发展。

综上，在钱穆先生的文化与道德相关思想当中，我们可以根据其对于中国传统文化、文化、道德、文化与道德的关系、中国传统文化的存续等论述中明确三个主要问题。第一，钱穆先生的思想包含非常丰富的文化思想，在大力弘扬中华优秀传统文化，增强民族文化自信的当下，研究钱穆先生的文化思想具有重要的学术价值与时代价值。第二，钱穆先生的文化-道德观对中国传统文化的崇德本质、中国传统文化的道德精神特质以及对中国传统文化与中国传统道德的关系具有深刻洞察，这一从文化、生活的角度去理解和诠释道德的新思路，对研究其文化-道德观、对我们形成具有中国特色的道德观，体现中国文化主体精神、拓展伦理学研究范式转型具有重要价值。第三，研究钱穆先生的文化-道德观，有助于进一步明确和重视中国文化的崇德特质，明晰当代文化建设的重点所在，有助于把握中国传统道德的文化根基，从而更加明晰道德建设的路径与方法。因此，研究钱穆先生的文化-道德观对于当代中国社会的文化建设与道德建设都具有重要的实践价值。

一　研究现状

钱穆先生博学精思、著作等身，被誉为人文社会学科中一位百科全书式的学者，其一生共著计 1400 万余字。其研究遍及政治、历史、文化、哲学、教育、经济、宗教等领域。

研究历史人物的相关思想，最切近平实的方法应该是以其文本为主要根据。钱穆先生的著作主要经过三次系统的出版，第一次是在 1998 年由台湾联经出版事业股份有限公司出版的《钱宾四先生全集》，全书共计 54 册。第二次是从 2005 年始，由三联书店陆续出版的钱穆作品系列。第三次是在 2011 年由九州出版社出版的《钱穆先生全集》（繁体竖排版），套装共计 16 册。除此之外，还有 20 世纪 90 年代在商务印书馆出版的《史记地名考》《中国近三百年学术史》《中国文化史导论》《国学概论》《国史大纲》《先秦诸子系年》《两汉经学今古文评议》等，以及继《钱穆先生全集》出版之后，九州出版社出版的钱穆先生部分著作的简体版本。由于本书研究主旨是钱穆先生关于文化及道德的相关思想，故本书主要参考钱穆先生自1940年始由历史转入文化研究后的相关论著。本书引文以1998年由台湾联经出版事业股份有限公司出版的《钱宾四先生全集》为主，在阅读参考的过程中，也对照了商务印书馆、九州出版社等版本。

以钱穆先生为对象的学术研究，成果颇丰，分别侧重钱穆先生的生平传记、印象回忆、学术思想述评等。其中，介绍钱穆先生生平的著作主要有：严耕望《钱穆宾四先生与我》、中国人民政治协商会议江苏省无锡县委员会编《钱穆纪念文集》、李振声编《钱穆印象》，邓尔麟《钱穆与七房桥世界》、陈勇《钱穆传》、陆玉芹编《未学斋中香不散：钱穆和他的弟子》等。介绍钱穆先生学术思想的著作有：李木妙《国史大师钱穆教授生平及其著述》《国史大师钱穆传略》、罗义俊编《钱穆学案》、郭齐勇和汪学群《钱穆评传》、汪学群《钱穆学术思想评传》、徐国利《钱穆史学思想研究》、韩复智《钱穆先生学术年谱》、余英时《钱穆与中国文化》《钱穆与现代中国学术》、陈勇《国学宗师钱穆》、周育华《君子儒钱穆评传》、戴景贤《钱宾四先生与现代中国学术》、汪学群和武才娃《钱穆》，叶龙记录整理《钱穆学术文化九讲》，魏兆峰《钱穆教育生涯的历史考察》等。

1. 关于钱穆文化思想相关研究现状述评

考察、研究钱穆先生的著作，发现其文化思想主要集中于《中国文化史导论》《民族与文化》《历史与文化论丛》《文化学大义》《中华文化十二讲》《从中国历史来看中国民族性及中国文化》《中国文化精神》《文化与教育》《中国文化丛谈》等著作中。

钱穆先生关于文化方面著作颇丰、思想独到，这方面的研究成果也很丰富。后人对于钱穆先生文化思想的研究主要是从还原钱穆先生文化哲学论、文化结构论、文化类型论、文化层次论、文化要素论、文化演进论、中西文化比较论、中国传统文化论、文化特质论、文化精神论等角度，透析钱穆先生文化理论的独到和精深之处。具有代表性的如下所述。

钱穆先生的著名弟子余英时先生针对钱穆先生的文化思想著有《钱穆与中国文化》《钱穆与现代中国学术》，在其著作中阐述了对钱穆先生文化理念和理论的看法，并指出，钱穆先生的中国传统文化思想，认可儒学为基本价值系统，儒学对于钱穆先生来讲，不仅是历史事实，更是个人信仰。① 相关研究让我们对于钱穆先生学术思想的儒家背景和儒家立场都有了更为明确的认知和确证，也促使我们更进一步认识到儒学在中国文化中的核心地位。

郭齐勇、汪学群在其著作《钱穆评传》中认为，钱穆先生的著作具有一个显著的特点，即其著作大多在凸显中华民族文化所具有的特性和个性。历史、文化、民族的关系在于，文化和历史都能够体现特定文化的民族精神，并且文化的作用体现为对民族与历史的发展具有支撑作用，文化和历史融凝陶冶民族，民族创造和产生文化及历史。钱穆先生认为中国传统文化思想，以人文为"体"，以化成天下为"用"，以人为本位，以道德为中心，其人文精神的特质主要体现为"天人合一"及"性道一体"。除此之外，还从中国文化的融合精神、中国文化的历史精神、中国文化史概观、文化学理论、中西文化比较等角度介绍钱穆先生的文化思想。该著对钱穆先生的文化思想做出了较为深刻的还原和介绍，并且加入了自己较为全面的解读，对于我们进一步理解钱穆先生的文化思想有一定的帮助。

汪学群在其独著《钱穆学术思想评传》中认为，钱穆先生的文化学理论具有人文主义的特色，是以人生意义与价值为目标的学问。其余关于文化方面的论述，基本上与《钱穆评传》观点相同。

陈勇在其著《钱穆传》当中，以钱穆先生《文化学大义》为主要研究文本，阐释钱穆先生关于文化学理论构建的独到见解，不仅还原了钱穆先生文化学相关理论，而且指出了钱穆先生文化学理论具有启发读者的反思意识及问题意识之作用。另外，陈勇还肯定了钱穆先生的文化研究所具有的弘扬中华文化、延续民族文化意识的作用。

在文化观的宏观整体层面，钱婉约在其论文《钱穆及其文化学研究》②中系统而全面地阐释了钱穆先生文化观的总体概貌。翁有为在《钱穆文化思想研究》③中分别从中国传统文化、中西文化比较以及中国文化的未来等三个方面阐释钱穆先生的文化思想。康志杰在《钱穆文化观之分析》中从

---

① 余英时：《钱穆与新儒家》，载《钱穆与现代中国学术》，广西师范大学出版社，2006，第39页。
② 钱婉约：《钱穆及其文化学研究》，《武汉大学学报》（社会科学版）1989年第5期。
③ 翁有为：《钱穆文化思想研究》，《河南大学学报》（社会科学版）1992年第4期。

钱穆学术研究特点、对全盘西化的态度、对中国传统文化的态度，以及中国传统文化现代化等四个方面阐释钱穆先生的文化观。他认为，这些研究内容和研究成果对当今中国传统文化的现代化具有重要的启示意义。① 朱人求在其《钱穆哲学文化探微》中认为，文化哲学在钱穆先生的学术思想当中处于核心地位，也是钱穆先生整个学术生涯的归宿，这一观点将钱穆先生的文化学理论拉入哲学视域进行审视和考量，发掘钱穆先生文化学理论所具有的深刻性，并且强调钱穆先生的文化学理论将人生意义与人生价值作为研究的重点，非常重视人生问题。② 这一观点与前述郭齐勇、汪学群的观点达成共识。陈曙光《钱穆的"文化类型说"评析》就钱穆先生的"文化类型说"进行了述评。③ 王晓黎在其《钱穆与梁漱溟"文化三路向"说之比较》中，从文化的起源、文化的未来、文化改造方法等方面对比了钱穆先生与梁漱溟先生文化观的差异，最终认为，钱穆先生将中国文化复兴与改造的出路定为"据旧开新"，这与梁漱溟更倾向于中西文化融合的改造进路有一定的差别。④ 徐国利认为在钱穆先生的历史文化哲学当中，将历史和文化视为同一的概念，历史文化由物质生活（经济）、政治和精神思想构成，其中精神思想的核心是道德。道德在历史文化中处于本体地位并且具有终极性的意义，这一点决定了中西文化的不同。⑤ 刘嫄嫄认为从钱穆先生的中国传统文化学理论当中可以感受到一种文化自由，这种文化自由可以被理解为中国传统儒学当中的自由观念，这种文化自由可以制衡和补充政治自由，使得儒学与自由主义可以进行更加深入、内在的交流。⑥

在中西文化观层面，肖向东对钱穆先生的中西文化比较观给予客观的概括和评价，认为钱穆先生对待中西文化的态度是重整体、探精微、观互动、尚兼容，"在多种文化的比较中去寻找中西文化互补、互识、互证的途

① 康志杰：《钱穆文化观之分析》，《马克思主义与现实》2010 年第 3 期。
② 朱人求：《钱穆哲学文化探微》，《福建师范大学学报》（哲学社会科学版）2008 年第 4 期。
③ 陈曙光：《钱穆的"文化类型说"评析》，《江南大学学报》（人文社会科学版）2006 年第 3 期。
④ 王晓黎：《钱穆与梁漱溟"文化三路向"说之比较》，《徐州师范大学学报》（哲学社会科学版）2010 年第 2 期。
⑤ 徐国利：《钱穆的历史文化构成论及其中西历史文化比较观——对钱穆历史文化哲学的一个审视》，《中国社会科学院研究生院学报》2003 年第 2 期。
⑥ 刘嫄嫄：《钱穆的文化自由主义》，《齐鲁学刊》2014 年第 2 期。

径，在更高的文化层面上审视人类文化共性的原则，并在此基础上提升民族文化的学术地位"[1]，并认为钱穆先生开辟了超越狭隘学术视野的现代文化语境。陆玉芹、谢俊美的《钱穆、余英时学术传承管窥——以中西文化观为例》[2]、李冬君的《钱穆的儒家本位文化观述评》[3] 也对钱穆先生的中西文化观进行了论述。

在文化的人文演进层面，赖功欧在其论文《论钱穆的"人文演进"观》中着重论述了钱穆先生的人文演进观，在阐述钱穆先生人文演进学思的基础上，认为钱穆先生的人文演进观体现的是其历史哲学以及天人合一观念，并且展现了其以儒家思想为本位的人生哲学及人性理论。[4] 时隔七年，赖功欧又通过《作为文化进化论者的钱穆——"人文演进"观绎论》进一步深化其对钱穆先生人文演进观的认识和理解，认为钱穆先生具有自己独具特色的历史文化观，这一历史文化观由"文化生命""人文演进""协调动进"三部分构成。这一独具特色的人文演进观，强调合乎自然的人文演进，以其动态协调的特点，成为人生价值的"常道"。[5] 这是对钱穆先生中国文化人文演进及世界文化人文演进走势的重新认识和重新定义。这些理论和思想，对于文化演进之中国文化的出路问题有启发意义。杨岚在其《钱穆论中国现代文化的出路》中认为中国现代文化的出路首先在于复活处于中国文化之正统地位的儒学，其次在于重振以儒家心性之学为宗的孔子以仁为出发点的心教，最后在于实行以民族主义为灵魂的中体西用文化改造方案。[6]

在中国文化精神层面，中国传统文化以儒家文化为本位，从中国文化的儒家本位文化观中可以进一步体会到中国文化精神，王晓黎在其论文《钱穆论"中国文化的精神"》中，将钱穆先生论述的中国文化精神概括为人文精神、融合精神以及历史精神，并进一步肯定和强调了儒学作为中国

---

① 肖向东：《论钱穆中西文化观与学术思维的形成》，《甘肃社会科学》2006 年第 1 期。

② 陆玉芹、谢俊美：《钱穆、余英时学术传承管窥——以中西文化观为例》，《江西社会科学》2004 年第 1 期。

③ 李冬君：《钱穆的儒家本位文化观述评》，《华侨大学学报》（哲学社会科学版）1999 年第 4 期。

④ 赖功欧：《论钱穆的"人文演进"观》，《江西社会科学》1999 年第 9 期。

⑤ 赖功欧：《作为文化进化论者的钱穆——"人文演进"观绎论》，《江西社会科学》2006 年第 2 期。

⑥ 杨岚：《钱穆论中国现代文化的出路》，《中州学刊》1995 年第 6 期。

文化的核心和主干的地位。① 吕绍勋在《钱穆先生眼中的中国文化精神》中也提及钱穆先生所论的中国文化精神。② 陈冠伟认为钱穆先生的文化观也可以称为礼文化价值观，即在文化中以礼为核心。③

2. 钱穆道德思想研究述评

钱穆先生关于道德方面的思想主要集中于《中国历史精神》《中国思想通俗讲话》《世界局势与中国文化》《民族与文化》《中华文化十二讲》《湖上闲思录》《中国文化精神》《历史与文化论丛》《中国文化丛谈》《政学私言》《双溪独语》《晚学盲言》《新亚遗铎》等著作中。

钱穆先生所持的是一种人文主义的文化观，在其文化观中，将文化定义为人类大群的集体生活，将文化与人生等同。从文化的角度去体察和观照人生，强调要使人的内心生命与现实的文化生命相融合，追求内在心灵以及精神层面的文化人生，成为人生追求的目标。所以，钱穆先生关于道德思想方面的论述在宏观层面总是与其关于文化的思想交融在一起。从微观层面来看，钱穆先生关于道德方面的学术思想主要倾向于人生哲学方向，以讨论人及人生的意义和价值为宗旨。具体研究成果如下。

在郭齐勇、汪学群所著的《钱穆评传》当中，在文化人生观方面，他们认为钱穆先生理解人生观，是以对生命的认识和体悟为依据的，最为重视和认同儒家的人生观，这种人生观同西方宗教人生观不同，主张通过人们尽性、成己、成人、成物，追求人生不朽，明确了钱穆先生所主张的人生观以儒家人生观为核心和指导。除此之外，也对钱穆先生的生死观、身心观、人生发展步骤观等加以述评。④

在人性论层面，钱穆先生认为中国传统道德观念与道德理想的基础是对人性善的选择和信仰。钱穆先生运用历史动态的眼光看待和解释人性问题，颇具新意，为我们认识和研究人性这一复杂问题提供了新的借鉴依据。石力波在其《从人性本善、向善到人性应善、必善——钱穆对传统"性善论"思维的继承与发展》一文中认为钱穆先生对"性善论"的相关论述，是以其历史进化思维为基础的，其创新之处在于从空间、时间、层次等角

---

① 王晓黎：《钱穆论"中国文化的精神"》，《贵州大学学报》（社会科学版）2012 年第 6 期。
② 吕绍勋：《钱穆先生眼中的中国文化精神》，《太原学院学报》（社会科学版）2017 年第 5 期。
③ 陈冠伟：《钱穆的礼文化价值观研究》，《湖南大学学报》（社会科学版）2016 年第 4 期。
④ 郭齐勇、汪学群：《钱穆评传》，百花洲文艺出版社，2015，第 214~239 页。

度，通过反面推论的归谬法论证"人性善"理论的合理性，并且加入了现代语境中的"自由"与"平等"理念来理解"人性善"，使其焕发时代光芒。"由此，钱穆就把主要从本体论、工夫论角度解读'性善论'的传统进路，转向到从认识论、价值论角度看待'性善论'；相应地，'人性善'的内涵也从原本的主要是说'人性本善'和'人性向善'，转成了说'人性应善'与'人性必善'。"① 此文对钱穆先生"性善论"思想的解读，对本书相关部分具有很大的启发、指导和借鉴。刘为光在《钱穆人性论思想略论》一文中，认为钱穆先生在人性论方面有自己独到的见解，钱穆先生理解的人性是处于动态发展当中的人性，人性的本质在于知善向善，并且人性非常重视情感的作用。②

在人生观与价值观层面，钱穆先生在其《灵魂与心》中，由"心""身"的讨论引出人生的意义应该在精神生命中追寻，进而引出"人生发展三步骤"论，意在阐发人生的归宿在德性上，德性的最高境界应该是一种"艺术人生"的完满境界。钱穆先生对中国传统道德的一贯主张是，中国人强调以德性为主体的人生价值论。段吉福的论文《历史文化意识观照下的德性主体——钱穆人生价值论》中，系统阐释了钱穆先生以德性实践、德行合一和生活安乐为主旨的、以德性为主体的人生价值论。③ 廖建平的《钱穆的人类生命观及其意义》一文中，认为钱穆先生的人类生命观分别从人类生命与自然的关系、个体生命与他人生命、人类生命的关系、人类生命的最高本质是精神等方面来阐释。④ 在宋薇的《钱穆生生之乐见解的美学阐释》一文中，阐释了钱穆先生从"孔颜乐处"出发，以生生之乐为追求的人生哲学，在这样一种人生哲学观念当中，人生的审美境界是道德的最高境界，人们对美的追求在于对仁心道德的实践和履行，这种以审美境界为最高境界的人生价值观，将人生的价值追求与生命情趣融为一体，加深人们对生命及人生价值的认识和体验。⑤ 陈泽环认为，钱穆先生从"大生命与

---

① 石力波：《从人性本善、向善到人性应善、必善——钱穆对传统"性善论"思维的继承与发展》，《管子学刊》2013 年第 2 期。

② 刘为光：《钱穆人性论思想略论》，《科教文汇》（中旬刊）2015 年第 5 期。

③ 段吉福：《历史文化意识观照下的德性主体——钱穆人生价值论》，《西南民族学院学报》（哲学社会科学版）1998 年第 S1 期。

④ 廖建平：《钱穆的人类生命观及其意义》，《江汉论坛》2003 年第 11 期。

⑤ 宋薇：《钱穆生生之乐见解的美学阐释》，《河北大学学报》（哲学社会科学版）2008 年第 4 期。

小生命""心世界与物世界""天与人、自然与文化"的角度阐释其人生观，认为这对于中国传统人生观的复兴具有积极作用。[1] 在廖建平的《论钱穆的艺术人生观》中，认为钱穆先生将艺术人生视为人生的最高境界，这种人生观念是根据中国人的生活经验以及历史文化所得出的，艺术人生观在于强调了人生中生前与死后、物质与精神、情感与理智、自然与人文的统一。[2] 宋薇的《钱穆"道"论及其美学阐释》中，认为钱穆先生论"道"主要是从其伦理价值以及人生意义的角度，倡导人们的内在性情要符合道德。[3] 在高新民、胡永周的《钱穆"安心之学"——价值性心灵哲学的视角》一文中，肯定了钱穆先生的价值之学对于人们理想人格的形成机制、条件等进行了全面的诠释，更成功理解和解释了道德与幸福的二律背反问题。[4] 这些理论对人生价值之心灵哲学做出了重要贡献。

在个体心性道德层面，李承福、周德丰在其《论钱穆哲学的心性论维度》中，向人们展示了钱穆先生"以天之性为最高主宰，以心为天地之本质，以人文生命为最高理想，以人心为核心"[5] 的心性论，认为钱穆先生的心性论，充分体现中国哲学心性合一、天人合一的特点。宋薇在《钱穆"心"论探析》中，阐释钱穆心性论之"心"的内容和意义。[6] 乐爱国在其文章《钱穆、牟宗三对于朱熹"心统性情"的不同诠释》中对比二者对朱熹心性论理解的差别。[7]

在道德教育层面，钱穆先生认为道德在教育中的地位应该是最重要的，中国的教育首先应该重视的是学生的德性培育，德育的目标首先在于教人如何做人。钱穆先生在晚年著作《晚学盲言》中专讲"知识与德性"，认为在中国人的观念中，知识主尚德，是融通人志、人事、人心、人生的，中国人的学问是完善人格、培养境界的统一过程，中国人的学术精神是"尊

---

① 陈泽环：《以小生命融入文化和自然的大生命——钱穆"人生论"初探》，《江苏行政学院学报》2008 年第 6 期。

② 廖建平：《论钱穆的艺术人生观》，《求索》2003 年第 1 期。

③ 宋薇：《钱穆"道"论及其美学阐释》，《河北大学学报》（哲学社会科学版）2010 年第 3 期。

④ 高新民、胡永周：《钱穆"安心之学"——价值性心灵哲学的视角》，《伦理学研究》2018 年第 2 期。

⑤ 李承福、周德丰：《论钱穆哲学的心性论维度》，《武汉理工大学学报》（社会科学版）2016 年第 6 期。

⑥ 宋薇：《钱穆"心"论探析》，《河北学刊》2012 年第 4 期。

⑦ 乐爱国：《钱穆、牟宗三对于朱熹"心统性情"的不同诠释》，《河北学刊》2015 年第 2 期。

德性而道问学"。魏兆锋在《钱穆论中国传统为师之道》① 和《钱穆论中国传统尊师之道》② 两篇文章中分别阐释了钱穆先生重师道的观点。魏兆锋、杜成宪在《做人·做中国人·做世界人——钱穆论中国教育目的》中强调了钱穆先生注重以道德为核心的教育理念。③ 俞启定在其《钱穆人文主义教育思想述要》一文中，认为钱穆先生的教育思想建基于儒家传统的人文主义立场，在教育价值观方面，强调重视人才、培养人们的立国精神，以发挥教育的育人、弘道作用；在教育宗旨方面，强调应重视理想人格的培养，为学与做人并重；在教育对象的智能结构方面，强调除却重视知识教育之外，更应重视培养人们道德、艺术等素养；在对待学习的态度以及学习方法方面，反对急功近利的功利主义学习观，强调虚心和笃实的学风。④

3. 关于中国传统文化与道德关系研究述评

钱穆先生关于中国传统文化与道德关系方面的论述与前述关于文化、道德思想的论著基本重合。除需要了解钱穆先生关于中国传统文化与道德相关思想之外，还需要了解其他学者在这一问题上的见解。然而就这一问题的研究成果相对较少，仅有为数不多的论文着重讨论该问题，其余的论述散见于讨论相关问题的著作及论文当中。

在文化与道德关系方面，陈勇先生所著《钱穆传》当中，着重论述了钱穆先生的道德观以张扬中国传统文化的道德精神为己任。陈勇认为，钱穆先生的文化观是一种最重道德的文化观，在钱穆先生的文化思想中，道德是一切文化的灵魂和核心要素，一切较有活力的文化都需要具备强烈的道德精神。中国文化以道德为最高领导、为中心，中国文化精神是道德精神，并且以这种道德精神为推动中国文化人文演进的基础和重要力量，所以中国文化精神从本质上来讲可以被认为是一种人文主义的道德精神。钱穆先生的人文主义道德观，以儒家思想为家园，将儒家的性善论和人生不朽观作为中国传统道德的主要内容和基础。除此之外，有学者还论述了儒家心性修养、治平实践、天人合一观点，明确钱穆先生对儒家德性优先论

---

① 魏兆锋：《钱穆论中国传统为师之道》，《当代教育科学》2016 年第 15 期。
② 魏兆锋：《钱穆论中国传统尊师之道》，《教育观察》（上半月）2016 年第 3 期。
③ 魏兆锋、杜成宪：《做人·做中国人·做世界人——钱穆论中国教育目的》，《广州大学学报》（社会科学版）2012 年第 11 期。
④ 俞启定：《钱穆人文主义教育思想述要》，《河北师范大学学报》（教育科学版）1999 年第 1 期。

的认同和辩护，进而对中国传统文化的继承和创新做出展望。①

在钱穆先生的文化学理论当中，将文化要素具体分为经济、政治、科学、宗教、文学、艺术和道德，所以在文化要素之道德与其他要素关系层面，陈泽环在其《经济应该由道德和政治来领导——试论钱穆的经济文化观》一文中认为，钱穆先生对经济的看法具有强烈的道德主导的倾向。在中国文化结构中，经济要素处于文化阶层的最底部，道德为文化的最高领导，所以经济也需要由道德来领导，以此来表达钱穆先生"人类文化，应该由道德来领导政治，再由政治来支配经济，必使经济与政治皆备有道德性"的观点对于现今社会的价值。②

从文化的角度理解和诠释道德，也可以被称作文化-道德观。在学者肖群忠的《论中国伦理的文化根基与诠释路径》中，道德观方面，通过对比西方的哲学反思型道德观与马克思主义的意识形态论，将中国特有的从文化的角度诠释道德的方法称为文化-道德观。这种文化-道德观，使用中国话语研究和解释道德、文化以及文化与道德的关系，具有一定的优势，对我们提高民族自信心有很大助益。③ 此文的观点对笔者具有极大的启发作用，并且为本书第四章的写作提供诸多借鉴和帮助。

在伦理学相关研究中，有学者不限于从某个人物观点的微观层面而且从宏观伦理学原理的层面，探讨文化与道德的关系。在韩东屏的论文《道德究竟是什么——对道德起源与本质的追问》中，认为道德是文化的形态之一，所以要想认清道德的起源与本质，需要首先明白文化的起源以及道德在文化中处于何种位置的问题。他认为，文化是人类创造力的果实，道德可以被看作一种非正式规范，这种非正式规范属于指令性文化的范畴，并且是广泛意义上习俗的一种，道德产生于原始习俗，由其演化而来，原始习俗产生于人们面对生产和生活问题时总结出的解决方式和方法。此外，韩东屏将道德定义为"在一定社会群体中约定俗成的行为规范与品质规范

---

① 陈勇：《钱穆传》，人民出版社，2001，第326~346页。

② 陈泽环：《经济应该由道德和政治来领导——试论钱穆的经济文化观》，《孔子研究》2013年第1期。

③ 肖群忠：《论中国伦理的文化根基与诠释路径》，《新疆师范大学学报》（哲学社会科学版）2016年第5期。

之总和"①。在袁林生的《文化与道德关系初探》一文中，将文化更多地理解为一种知识，是人们知识积累到一定程度的代名词，比如形容一个人学问高，就说这个人是"文化人"，有"文化"，这与本书所探讨的"文化"范畴不尽相同。尽管如此，该文中关于知识文化与道德关系的论述，仍有意义。该文首先认为，人们在科学文化知识方面取得进步，这更加有利于道德水平的进步和提升。这种影响可以体现在生产力与生活方式、世界观与人生观、道德规范与风俗习惯、个体道德品质和道德行为、道德教育等方面。② 在刘巧凤的《道德调整中的传统文化根基》一文中，针对文化与道德之间的关系问题，将规范、价值观、符号以及相应的意义体系看作文化主要的构成要素，并且认为道德在文化观念中处于重要的核心位置。③

钱穆先生将文化定义为人类大群的集体生活，将文化与人们的生活、人生相等同，据此，我们也有必要考察道德与生活之间的关系。然而对于此问题的相关论述相对较少。

在伦理与生活的关系以及道德与生活的关系方面，肖群忠的《论生活与伦理的关系》一文明确指出，生活包括"生存"和"意义"两个部分，即一方面指人的谋生活动，另一方面指对存在的意义与价值以及对合理的生活方式的追求。人们在对生活的意义与价值探索的过程中，会形成特定的人生、价值、生活观念，进而形成特定的观念、规范、文化传统和生活方式，被称为生活伦理。生活与伦理的关系表现为："伦理源于生活，是生活观念与价值规范的凝结。因此，生活对于伦理来说具有存在的优先性，而伦理则赋予生活以价值与意义。生活是事实存在，伦理是价值意义。"④ 在王泽应的《论道德与生活的关系及道德生活的本质特征》一文中，认为对于生活而言，道德是必不可少的，但生活与道德并不相等，生活包含了道德。道德源于生活，能够对生活起到提升和充实的作用。⑤ 易小明、李伟的论文《道德生活概念论析——兼及道德与生活的关系》中，认为生活与

---

① 韩东屏：《道德究竟是什么——对道德起源与本质的追问》，《学术月刊》2011 年第 9 期。
② 袁林生：《文化与道德关系初探》，《安徽省委党校学报》1987 年第 1 期。
③ 刘巧凤：《道德调整中的传统文化根基》，《沈阳师范大学学报》（社会科学版）2009 年第 6 期。
④ 肖群忠：《论生活与伦理的关系》，《中国人民大学学报》2018 年第 3 期。
⑤ 王泽应：《论道德与生活的关系及道德生活的本质特征》，《伦理学研究》2007 年第 6 期。

道德之间存在一种本然性的关系，具体表现为，道德来源于生活，生活是道德的本质，道德与生活相融合，生活需要道德，人们具备道德是为了能够更好地生活，并且道德具有"成人"的作用与内在价值。① 唐汉卫的《从道德与生活的关系看生活道德教育的合理性》从道德的来源问题出发，考察和厘清生活与道德之间的关系，并且认为道德产生和来源于人们的生活，生活是道德的基础性、本体性的存在，道德来源于生活，道德被包含在生活之中，并且道德为了生活。②

二　研究思路与方法

1. 研究思路

钱穆先生在其文化学代表作《文化学大义》中明确界定："文化只是'人生'，只是人类的'生活'。"③ 他强调生活之于人们思想观念形成的优先性，生活与文化之于道德的先在性和本源性。中国文化的特质为最重道德，中国文化精神为道德精神，强调中国文化以道德为核心。这种从文化、生活的角度理解和诠释道德的方法和路径可以被称为文化-道德观。本书以中国文化为主要语境，梳理、认识钱穆先生关于中国文化、道德、文化与道德关系的相关思想。全书主要内容分为五个部分。

首先为绪论部分，分别从研究缘起、研究现状、研究思路与方法等方面对本书的研究做一概要性描述和梳理。另外，对钱穆先生学术思想产生的时代背景与渊源，从西学驱动、本土需求、研究方向转变这三个方面进行论述和分析。

第一章为钱穆先生人文主义文化观概述。主要论述钱穆先生重要的文化理论。首先，论述"文化的概念与构成"，分别探讨钱穆先生关于文化的概念、文化三层次论、文化七要素说。其次，探讨钱穆先生关于"文化演进规律"的论述，主要述论钱穆先生关于中国文化的产生、发展规律及未来发展的相关思想。最后，述论钱穆先生的"文化比较论"，主要探讨钱穆先生中西文化比较的相关思想，分别从中西文化分属不同类型、中西文化

---

① 易小明、李伟：《道德生活概念论析——兼及道德与生活的关系》，《伦理学研究》2013年第5期。

② 唐汉卫：《从道德与生活的关系看生活道德教育的合理性》，《教育探索》2004年第12期。

③ 钱穆：《文化学大义》，《钱宾四先生全集》（37），第6页。

具体要素差异以及中西文化基本精神差异三方面展现。钱穆先生的文化思想具有强烈的人文主义色彩，他在探讨中华文化时，突出强调人之于文化的主体地位，并且强调精神文化的重要性。通过对钱穆先生文化思想的认识和理解，能够感受到，钱穆先生在其文化思想当中，将道德置于重要的位置，突出道德之于文化三层次及七要素的核心、领导地位，强调中国文化的特质在于最为重视道德，中国文化精神为道德精神。

第二章为钱穆先生以崇德向善为本的道德观述论。本章通过对钱穆先生道德相关思想的逻辑整合，力求整理出其较为系统的道德理论。钱穆先生所理解和阐释的道德，更多的是从人生哲学方面强调道德之于人生的价值和意义以及道德之于人生的重要性。第一部分为"道德基础论"。钱穆先生认为，道德产生由个体心性道德始，进而发展至家族道德，最终发展成为社会道德，这实际上是遵循了"修身、齐家、治国、平天下"的道德发展路径。在道德的价值基础方面，分别从人心一元的人生观、人生信仰、人生理想、人生自由等方面，强调人们对道德的需要以及道德之于人生的重要性和必要性。第二部分为"道德要义论"，述论钱穆先生对"道德"概念的阐释，对道德作用的理解，以及对中国传统道德具有的人文精神、"人道"精神、宗教精神等特征的认识。第三部分为"道德教养论"，分别论述钱穆先生在道德教育、道德修养、道德境界三个方面的观点。

第三章为钱穆先生的中国文化与道德关系论。钱穆先生将文化定义为人类大群的集体生活，将文化与人生以及人们的生活紧密地联系在一起。本章重点在于讨论钱穆先生从文化的角度理解和诠释道德的文化-道德观。第一部分介绍中西典型的道德诠释路径，分别为西方理性认知型的道德论、宗教"神启"型的道德论、文化型的道德论，分析各自具有的特征，并对其略加评价。由于钱穆先生从文化的角度去理解和诠释道德，认为道德的作用在于指导人们追寻生活的价值和意义、人生的价值和意义，道德也是人生价值和意义的实现途径。通过比较，将钱穆先生从文化角度理解和诠释道德的理论，归结为文化型的道德论，将钱穆先生这种道德诠释路径定义为文化-道德观。第二部分为"钱穆论中国文化与道德的关系"，根据钱穆先生相关理论，挖掘出其对中国文化与道德关系的认识和见解，具体体现为以下几个方面。首先，文化是伦理道德的母体和基础。钱穆先生将文化定义为人的生活，并且认为，道德并非由古圣昔贤凭空创造出来而强加于人们身上的,其在成为系统的道德思想之前已经存在,所以说,最早的道德观念形成于人们的日常生活之中,是人们日常生活经验的总结和提炼,进而被古圣昔贤系统整理提出。文化和生活对于道德具有先在性和本源性,文化是道德的母体和基础。其次,道德是文化的核心和灵魂。钱穆先生认为,中国文化的主要特质在于崇德和重德,所以,道德在中国文化中处于核心位置。一方面,从文化要素来看,道德是中国文化要素之一,并且指导、影响文化其他层面和要素。另一方面,从文化核心之精神文化来看,共识是将文化的观念、价值-规范系统视为文化的核心和灵魂,也视为异文化差异的根源。钱穆先生认为,道德为中国人提供向善的安身立命之道,更指导中国人追寻人生的价值和意义,这就是中国人的人生观和价值观。所以,可以由钱穆先生相关思想得出道德是中国文化的核心和灵魂的结论。第三部分重点阐释"中国文化的崇德特质",这是钱穆先生文化-道德观最为突出的一点。分别从中国文化以儒家思想为主干、中国文化精神的核心是道德精神、中国文化的主要特质和中心思想为性道合一等方面来论述。

第四章为钱穆先生文化-道德观的学术与实践价值。这是对钱穆先生文化、道德思想以及文化与道德关系论从学术价值与实践价值两方面进行的总体评价。综观钱穆先生的文化、道德思想以及文化与道德关系论,其学术贡献主要表现为:深刻洞悉了中国文化与道德、厘清了中国文化与道德的关系、彰显了中国文化特有的文化诠释路径。其实践价值主要体现为对当代中国文化建设和道德建设两方面。在文化建设方面,有助于国人加深对中国文化特质和精神的认识,有助于加强对中国传统文化精华的认同和自信,有助于传承和创新中华优秀传统文化。在道德建设方面,有助于进一步培育中国文化崇德向善的精神,有助于国人认识道德对生活和人生幸福的价值和意义,有助于道德建设更加贴近民众生活与实践。

2. 研究方法

本书的主要研究对象为钱穆先生的思想,以钱穆先生的著作为依托,对钱穆先生关于文化、道德、文化与道德的关系等思想进行研究和讨论。具体方法如下。

还原的方法。本书力求还原钱穆先生在特定时代背景中的相关学术思想,依照《钱宾四先生全集》,细读核心文本,将钱穆先生的思想客观真实地加以叙述呈现。

历史的方法。钱穆先生是文化学家，同时也是历史学家，其学术思想在很大程度上是从历史的角度去理解和认识文化、道德相关思想，这是其学术思想的特点，也是其学术思想的闪光之处。本书也将历史地看待钱穆先生的文化、道德相关思想，力求以客观的态度去理解、讨论，坚持"同情地了解、客观地评价、批判地超越"，取其精华、去其糟粕，以求为当今中国的文化建设以及道德建设提供积极的理论资源。

比较的方法。由于钱穆先生所处的时代背景有特定的学术氛围，在当时所处的新文化运动时期，学者们的研究大多围绕两个问题：一是中西思想的比较，二是中国传统文化的传承与创新。本书在讨论这些问题的时候，不仅要还原、考察钱穆先生的思想，还会搜集同时代其他学者的相关论述资料，通过对比的方法呈现钱穆先生学术思想的精髓和特点。

三　钱穆学术思想时代背景与渊源

1. 西学驱动与回应

西方经历文艺复兴、宗教改革、工业革命之后，思想、政治、经济等社会各个层面均发生了巨大的变化，然而同一时期的中国却陷入闭关锁国、孤傲自满的发展危机，逐渐落后于世界先进的生产水平，落后于西方发达的工业国家。随之而来的，是西方对中国的觊觎和侵略，西方带给中国的，有满目疮痍、支离破碎、不堪一击的社会现实，也有由工业革命而产生的天文、地理、物理、医学、机械制造等方面的实用之学，以及政治制度、宗教信仰、经济政策、风俗习惯等方面的思想。自此，蒙昧的中国开始眺望世界，大批中国学生通过公派和自费留学的方式去往欧美等西方先进国家，打开了"西学东渐"的大门。西方文化思想传入中国，其像一面镜子，投射出当时中国与西方截然不同的社会生活情形和景况。人们纷纷将中西差异的焦点指向文化，自鸦片战争开始，关于文化问题的论战长久不休，至"五四"期间，中国社会掀起东西文化论战，使得文化争论达到高潮。在"五四"东西文化论战中，文化保守主义者与新文化主流派围绕传统文化的现代价值、中西文化的异同、东西文化及新旧文化的调和、中国文化的未来出路等问题展开了大讨论。19世纪30年代，亦掀起了本位文化派与西化派的文化争论。本位文化派认为当时的中国文化已失去其原有的特征，要想恢复中国文化原本"大放异彩"的优良传统和优秀特质，就需要进行

"中国本位文化建设运动"。西化派对本位文化派的保守主义文化取向展开批判，提出极端的"全盘西化"论，并逐渐发展成为激进改革思潮。

"全盘西化"的思想倾向可追溯至19世纪末，当时的一些激进维新思想家对中国传统文化嗤之以鼻，倡导维新变法的主要人物之一樊锥认为："一切繁礼细故，猥尊鄙贵，文武名场，恶例劣范，铨选档册，谬条乱章，大政鸿法，普宪均律，四民学校，风情土俗，一革从前，搜索无剩，唯泰西者是效。"① 五四运动之时，一些学者提出"欧化"主张，并强调废弃中国传统文化之孔门学说与道教学说，以破除中国传统文化之精髓的思想。游学于美国的胡适归国后任教于北京大学，他认为中国传统文化的最大特点是知足和安分，在他看来，这种安于天命和安分守己是中国社会物质文明不够进步、精神生命也不够富足的原因。西方文化与东方中国文化相反，他们的不知足和不安分促进了西方物质文明的进步，也促进了西方精神文明的发展。经过对中西文化一番对比，胡适认为中国传统文化的封建糟粕不可取、要不得。为了唤醒国人对西方文化的认知和理解，改变当时中国自恃孤傲、闭关锁国、故步自封、落后蒙昧的局面，胡适倡导新文化运动，其核心在于"打倒孔家店"，批判中国传统文化的糟粕之处，提倡西方"先进"的科学之赛先生和民主之德先生。1929年，潘光旦将胡适《中国今日的文化冲突》中的"Wholesale Westernization"译为"全盘西化"，据此，胡适被认为是中国最早提出"全盘西化"思想的学者。

面对"全盘西化"思潮，钱穆先生首先批判"全盘西化"的论断，强烈抨击民族虚无主义、历史虚无主义。鸦片战争之后的中国经历了五四新文化运动，激进的改革知识分子将西方文化视为圭臬，并且将中国传统文化视作中国向现代化迈进的绊脚石，主张破旧立新，全盘接受西方文化。对于此种民族和历史虚无主义的思潮和论断，钱穆先生非常关注，并深表不满。他在其著作《国学概论》中明确表达了对"全盘西化"思想的不屑和批评，认为全盘否定自我的传统文化而接受西方文化，即为"失其本心"。他认为，中国人应该认识到历史、民族、文化的重要性，并且应该正确、理性地认识历史、民族、文化之间的关系。钱穆先生认为，民族、文化和历史是紧密相连的统一体，在国家生命的延续和发展中，没有民族，

① 樊锥：《开诚篇》（三），《湘报》1898年第24号，中华书局1965年影印本，第185~186页。

就不可能有文化，不可能有历史。同时，没有文化，没有历史，也不可能有民族。中华民族不可能无视自己绵延数千年的文化和历史传统，所以民族和历史虚无主义是站不住脚的。通过钱穆先生对民族、文化与历史三者的论述，我们可以认识到，第一，文化、历史对民族形成和发展的重要性，即民族不是自然存在的，民族是在文化和历史漫长的发展和陶冶中逐渐形成的。所以，民族的生命不是指人之自然的物质生命，而是指凌驾于物质生命之上的精神生命、文化生命和历史生命。第二，文化、历史是支撑民族存在和延续的基础，也是推动民族发展的动力。文化和历史是民族之精神的体现，民族精神不仅是支撑民族存在和延续的基础，而且是推动民族发展的不竭动力。第三，文化和历史陶冶、融凝民族，民族创造、产生历史和文化。特定的民族建立在其特定的文化和历史传统之上。特定的历史和文化融合凝聚成具有民族特色的心理特征、思维习惯、行为方式和价值取向，展现出民族特有的性格特征、文化风貌、精神品质和价值信仰。第四，国家的建立与发展的基础在于一国之民族、文化和历史。因为历史和文化是一个民族精神的表现，所以如果没有历史和文化，就不可能有民族的存在与成立。没有民族的存在和成立，也就无从谈国家的建立与发展。所以说，民族、文化和历史是国家建立和发展的基础。

针对"全盘西化"在中国是否可取这一问题，钱穆先生持否定的态度。首先，钱穆先生认为，"全盘西化"不符合中国的现实国情。中国文化自产生之初绵延至今数千年，定有其超越其他文化脱俗之处。并且，人类历史的演进发展并非直线式不断上升，而是呈螺旋式逐渐上升的，即以循环波浪式的曲线前进。所以在对比中西文化时，应该从整体处入手，这样就能发现中西文化在发展演进的过程中均有前进、落后、光辉、衰败之时。"全盘西化"的提出正是在西方发展进步强盛、中国发展落后停滞的鲜明对比时期，人们仅凭这一段时间的对比，就片面得出西方文化先进、中国文化落后论，主张"全盘西化"，全面否定中国绵延数千年的传统文化，这是对中国当时国情的错误判断，也是对中国国情能否接受西方文化的错误判断。其次，钱穆先生认为，文化和文明是两个相似却有区别的概念，中国文化从原始根源到演进发展，均与西方有诸多差异，物质文明可以模仿、可以传播，民族文化则需要有其内部生命的培育土壤和模式。同理，我们如果全盘西化，纵然可以模仿和接受西方先进的物质文明，但民族精神、宗教信仰、道德信念等作为文化的精神和灵魂难以轻易学到，即使学到，也会面临"水土不服"的问题。所以，在钱穆先生看来，文化的改进与新生，是一个需要用理智去仔细思考和规划的问题，并不是仅凭感性判断就能给出定论。面对"全盘西化"的思潮，也需要我们更加理性和慎重。

2. 本土需求与构建

从鸦片战争到抗日战争，中国遭遇西方列强入侵，中华民族到了空前危急之时，无数学人英才扼腕痛惜、殚精竭虑、救亡图存，探索救国复兴之道，近世学人为中华文化的传承各抒己见的盛景更被称为继先秦诸子时代、两宋诸子时代之后的第三个"诸子百家时代"。思想群起，在中西文化产生激荡碰撞的背景之下，就中西文化的侧重取舍、中国传统文化的继承发展直抒胸臆。中国自20世纪初经历了清政府的改革失败及西方列强的强势入侵，深刻意识到国衰国亡以及民族生存的危机，救亡图存成为每一个学人肩负的使命，强烈的救国使命感使他们潜心研习，重新正视、反思、批判中国的传统和现实，以探索中华民族的复兴之道。当时中国有两位著名的学人，一位是康有为，一位是章炳麟。他们的学问都承袭传统，二人的学术分歧在于，康有为主张今文经学，章炳麟主张古文经学。康有为的著作《新学伪经考》《孔子改制考》和章炳麟的著作《国故论衡》都显现出崇释抑儒的倾向，可见他们二人对中国传统文化的认同还不甚纯粹。梁启超曾在国内介绍西方政治、经济、社会等思想，对学界产生很大的影响。他在第一次世界大战后游欧归国，写成《欧游心影录》，指出欧洲文化的弊端已经显现，欧洲文化衰落的迹象明显，应当再次宣扬中国传统文化，使中华固有文化得以发扬和传承，并且加入适应时代的新思想，这显示出他复兴中国文化的宏愿。

面对当时国家、民族的存亡危机，钱穆先生在中国西学驱动、求强复兴的本土需求背景中，在正视中国的民族、文化、历史传统前提下，提出中西文化结合会通的行之有益且有效的做法。钱穆先生认为，在当时中国的社会背景下，旧有文化博大精深，既需要对其融会贯通，又要求其切合社会时宜，是不容易的事情。而针对旧有文化，挑拣毛病，批评指责，则很容易。所以，钱穆先生认为，对当时一味批判中国传统文化，企图用西学代之，甚至主张"全盘西化"的人，应该加以批判。人们需要认识到，主张"全盘西化"的人，一意批判国内旧有文化，将重点落在除旧的问题上，而对于更为重要的中国文化去处与走向的问题，即中国文化的布新问题，则未深涉及，可谓舍本求末。时代的发展，对学术的要求似乎是多培养专才、专家，分门别类的功夫做得越细越好，但作为中国文化的每一位传承者、见证者和参与者，不能弃中华民族数千年传统于不顾。更有甚者，一味贬损甚至企图抛弃生养中华民族数千年的中国传统文化精髓，认为"除旧"则为除中国，"开新"则为开西方，有西方则无中国。这些认识都是片面的。国人应该清楚地认识到，中国民族数千年积攒下来的传统文化，恰是中国民族生活之经济、科学、宗教、政治、艺术、道德等各要素的根基，是中华民族绵延发展的灵魂和动力。

要想寻求中华民族未来的发展之道，首先要正视自己的文化和历史，对中华民族的历史文化传统怀有"温情和敬意"，尊重中华优秀的文化历史传统。同时要认识到，西学的优点和精髓不能够反客为主成为中国文化的主宰，更为明智的做法应该是在中国传统文化的基础之上，将西学精髓为中国文化所用，使得二者能在"相异"中求和，中西优秀文化会通融合，产生正向的、切实推动中国文化发展进步的化学反应，中国传统文化的灵魂和精髓不能丢。

3. 学术研究由历史转向文化

当时中国社会出现的西学驱动与求强复兴的本土需求两方面的强烈呼声，使得钱穆先生意识到要想改变中国当时落后停滞的社会发展状态，唯有从根源上进行改革和开新，这一根源即为文化。在钱穆先生看来，当时中国的国内现状以及所面临的中西方文化冲突的根源全在文化，对当时中国问题关键的把握，体现出其对当时中国问题敏锐的洞察力和准确的判断力。贺麟在其《儒家思想的新开展》中认为，"中国近百年来的危机，根本上是一个文化的危机"①。无独有偶，牟宗三也将中国的危机根源归结为文化问题，"今日中国的问题，乃是世界的问题，其最内在的本质是一个文化问题，是文化生命之郁结，是文化理想之背驰"②。文化在当时的社会背景之中广受重视，究其根源，在于人们对文化的认识和定义，当时的思想家，无论是持广义的文化观还是狭义的文化观，都将文化的核心和灵魂归至人

---

① 贺麟:《文化与人生》，上海人民出版社，2011，第12页。
② 牟宗三:《道德的理想主义》，吉林出版集团有限责任公司，2010，第208页。

们的精神层面、价值层面,这无疑也是国家的核心,所以决定着文化类型的不同以及国家现状和国家未来的不同。

钱穆先生年轻时学贯经、史、子、集,学术研究上至春秋、下至明清,兼及各家学术思想,大致以国学、历史学为主,早期执教、讲授的也主要为国学、史学相关课程。其造成轰动的成名作《刘向歆父子年谱》,是一篇针对晚清以来经学今古文之争、破除今古文门户之见的力作。随后成书的《先秦诸子系年》,主要围绕诸子的生卒行事进行考据考辨,在考辨诸子行事、年代的过程中,钱穆先生非常重视中国传统史学中以旁搜博采、博求佐证为特点的博证考据方法。之后的《中国近三百年学术史》也成为其学术生涯的重要代表作之一。纵观钱穆先生早期的学术思想历程,他逐渐从一名讲授历史的教师,成为享誉历史学界的专家,在中国史学众多大家之中占据一席之地,可见其在历史学领域的成就和造诣之深。

自鸦片战争以来,中国闭关锁国的大门被西方叩开,面临着前所未有的内忧和外患。国家与民族存亡的危机意识,使得国人不仅开始思考科学、经济、政治等国家实用层面,更开始思考民族精神以及民族存续的内在核心。面对民族危机存亡之时,激进的改革派对中国传统文化采取批判甚至全盘否定的态度,将中国传统文化看作中国近、现代化的障碍,提出"全盘西化"的思想论断,形成规模空前的反传统、"全盘西化"思潮,影响深远,这在钱穆先生看来,是令人痛心的。因此,钱穆先生在其学思历程当中经历了一次大的研究方向的转折。1940年,钱穆先生的著作《国史大纲》出版,这一著作的出版是钱穆先生学术转向的标志。学者陈勇认为,以《国史大纲》的出版可将钱穆先生的学术生涯划分为两个部分:《国史大纲》出版之前,钱穆先生的学术思想以研究历史为主;《国史大纲》出版之后,钱穆先生的学术思想转入文化研究,并且以弘扬中华文化为职志。钱穆先生之所以将其学术研究由历史转向文化,实际上是对五四新文化运动以来的"全盘西化"反传统思想的一种回应。在钱穆先生的弟子余英时看来,钱穆先生的民族文化意识由来已久:"一九一〇年,钱先生才十六岁,他的爱国思想和民族文化意识至迟已萌芽于此时,也许还可以追溯得更早一些。"[1] 这表

---

① 余英时:《一生为故国招魂——敬悼钱宾四师》,《钱穆与现代中国学术》,广西师范大学出版社,2006,第17页。

明了钱穆先生的爱国热情和民族意识并非因某时或某事的一时兴起，而是流淌于其血液之中早已有之。

此后，钱穆先生的研究总是以阐释和弘扬中国传统文化为己任，尤其是在抗日战争时期，中华民族凝聚力遭遇巨大考验之时，台湾著名学者韦政通先生在其《现代中国儒家的挫折与复兴》一文中，认为钱穆先生"在抗日时期，对宏扬传统文化，发扬民族精神，居功甚伟"[①]。从 20 世纪 40 年代开始，钱穆先生将学术研究重心由历史学转向文化学，始终秉持"为复兴中国文化而造论"的宏愿，为了振奋和激昂民族精神，发表了与文化学相关的多部著作，最具代表性的有《中国文化精神》《中国文化史导论》《中国历史精神》《民族与文化》等著作与演讲集。这些著作和演讲集的发表与问世，系统而全面地对文化尤其是中国传统文化进行了探讨，凸显出中国文化的起源、要素、层次、界定、中西文化比较、中西文化冲突的融合等思想理论，有助于我们更好地了解和深入地认识中国文化，为我们继承和发展中国传统文化提供理论依据和支撑。

综上所述，了解了钱穆先生学术思想的背景之后，更能理解他在《国史大纲》开篇谈到的对中国传统历史文化应有的态度。他认为，应对身处之国家之过往历史抱有一种温情与敬意，有了这种温情与敬意，就不会在对国家历史进行评判之时得出偏激的历史虚无主义的结论，认为过往历史一无是处。[②]"温情与敬意"表达了钱穆先生对中国传统历史文化的同情和认可，在"全盘西化"热潮之下，不少学人对中国传统历史文化持批判态度，甚至表现为一种偏激的历史虚无主义，将中国绵延数千年的文化弃之不顾，钱穆先生对于被如此嫌弃的中国文化持一种同情的态度。钱穆先生根据对中国传统文化的论述和分析，指出中国传统文化的精神特质和优势，所以，他对中国传统文化是认可的，指出人们只有在面对中国传统历史文化之时，抱有一种"温情与敬意"，才能在处理中国文化问题之时不听凭评判者的主观偏见武断地做出评判，才能真正切实有效地推动中国社会的进步和发展。

---

① 韦政通：《儒家与现代中国》，上海人民出版社，1990，第 183 页。
② 钱穆：《国史大纲》（上），《钱宾四先生全集》（27），第 19 页。

第一章　人文主义文化观

钱穆先生是史学大师，同时也是出色的文化学者。钱穆先生以史学为其人文学研究的根基，在国难危机之时，发现中国发展面临的时代病症，也深层次、多角度发掘出文化之要义。钱穆先生在对文化学理论的阐释中，从其独特的历史发展视角出发，探讨和研究文化理论的各个方面，并且凸显中国文化特有的本质和精神。

第一节　文化的概念与构成

一　文化与文明辨析

1. "文化"及其特征

关于文化的定义众说纷纭，我们无法从众多文化学者研究中找到关于文化概念的一致说法，仅在《文化：关于概念和定义的检讨》[①] 一书中，就列举了从 1871 年到 1951 年关于文化的 164 种定义，并且，在 20 世纪下半叶到 21 世纪初的六七十年间，产生了更多关于文化的定义。文化定义的多元究其原因首先是文化作为人类特有的社会现象，其本身具有一定的模糊性、复杂性、抽象性和丰富性。文化的主体是人，人的生活样态本身是繁多和复杂的，所以文化的样态也是繁多和复杂的。其次，文化之所以具有多元的定义，源于其研究者对文化的考察和视角的多元。历史学者、社会学者、心理学者、哲学家、艺术家、文学家等从各自专业的领域看文化，都会得出具有自身专业特色和倾向的结论。即便如此，我们仍然需要厘清与梳理文化众多复杂的定义。

[①] A. L. Kroeber and Clyde Kluckhorn, *Culture: A Critical Review of Concepts and Definitions* (New York: Kraus Reprint Co. , 1952) .

文化，从词源学角度来讲，西方的文化（Culture）一词本是中古英语，起源于拉丁文 Cultura，意思为"一种耕耘、农业"，也就是对土地的耕种、对农作物的培植、对自然界的改造，与自然事物相对应。到 16 世纪早期，这种原始的农业、耕耘、栽培等的原义逐渐引申为对思想（mind）、能力（faculties）和礼仪（manners）的培养，使其原有的自然属性加入了与人类生活相关的人文属性。17 世纪，"文化"一词在西方第一次作为独立的概念被提出，提出者是德国哲学家普芬道夫，他认为文化是社会中由人的活动所创造的东西，以及依赖人和社会生活而存在的事物的综合。中国的"文化"最早见于《易经·贲卦象辞》中："刚柔交错，天文也；文明以止，人文也。观乎天文，以察时变；关乎人文，以化成天下。"这里的"文"与"化"是分开而非合并在一起理解的，所要表达的意思就是男女刚柔交错是自然，由男女刚柔交错形成夫妇、家庭、国家、天下，这是一种人文的过程，也是一种文化的过程。孔颖达在《周易正义》中将"观乎人文，以化成天下"解释为："观乎人文以化成天下者，言圣人观察人文，则《诗》《书》《礼》《乐》之谓，当法此教而化成天下也。"这里的"文"可理解为文治，"化"可理解为教化。在中国历史上，"文化"作为一个完整的词第一次出现在《说苑·指武》中："圣人之治天下也，先文德尔后武力。凡武之兴，为不服也，文化不改，然后加诛。夫下愚不移，纯德之所不能化，而后武力加焉。"这里的文化，是文德教化的意思，即与武力教化相对，是社会治理方式的一种。因此，从词源意义上来讲，西方的文化一词是由原始的自然属性逐步转化为与人相关，具有了人文属性。中国的文化从产生之初似乎就是与"自然"相对，与人相关，所以，在中国人的传统观念中，文化始终与人们的生活相关，与人们的衣食住行相连。

随着人类历史的发展，古今中外越来越多的学者开始对文化产生兴趣，我们也可以看到诸多关于文化的定义。前文所提到过的，在《文化：关于概念和定义的检讨》中，不仅列举了当时具有代表性的 164 种关于文化的定义，书中还将这些定义分为 6 个类别，分别为列举和描述性的、历史性的、规范性的、心理性的、结构性的和遗传性的等。[①] 这让读者对文化的定义类别有了更为清晰的认识。

---

① A. L. Kroeber and Clyde Kluckhorn, *Culture: A Critical Review of Concepts and Definitions* (New York: Kraus Reprint Co., 1952).

列举和描述性的定义。代表人物为人类学家 E. B. 泰勒，其在《文化的起源》一书中将文化的概念与文明的概念相联系，认为文化和文明的共同点在于，二者都是由多种要素构成的复杂性整体，并且都指"知识、信念、艺术、伦理道德、习俗及作为社会成员的人所习得的其他任何能力和习惯"①。由此可知，泰勒在定义文化的概念时，注重文化的整体性和具体性，罗列了文化所内含的诸多要素，有具体，有抽象，有物质要素也有精神要素。泰勒的这一定义曾经被众多文化学者誉为经典定义。历史性的定义，持这种定义的文化学者将文化与人类的生活历史紧密相连，将注意力侧重于文化的时空延续方面，即人是文化的历史传承者，也是文化的创造者。规范性的定义，这种定义往往将文化与人的思想、行为模式与生活方式联系在一起。心理性的定义，从文化产生条件的角度对文化做出定义。结构性的定义，侧重于从文化的模型、组织和系统的角度对文化做出定义，在此类定义中，将文化看作一种抽象的构造，这样，文化的定义也就成为一种抽象的概念模式。遗传性的定义，将文化看作人类社会的一种实质性的产物、器物或内在心灵思想观念。在罗列了上述 6 种文化定义类型之后，我们不难发现，尽管文化学者试图将文化的定义分门别类，给人们更为清晰和准确的"文化"定义，但我们并不能够从上述某一类的定义中找到文化的确切所指和内涵，甚至在各种类别之间，我们依然能够看到诸多纠缠不清、相互重合之处。这再次印证了文化内涵的模糊性、复杂性、抽象性和丰富性。在对文化的研究逐渐成为西方研究热门的同时，中国的许多学者对文化研究的兴趣和热情也日益浓厚。

中国学者对文化的讨论主要兴起于近代，学者主要从列举和描述性、历史性和规范性角度理解和认识文化的定义，将文化与人们的生活紧密联系在一起，将文化归结为人们生活的样态。近代学者胡适在其著作《容忍与自由》中将文化与文明联系在一起理解，在他看来，文明先于文化产生，文明产生的必要条件在于物质和精神两方面，具体包括自然物质方面的质料和势能，还有人们精神层面的思想、感情和聪明才智。除此之外，他还认为，文明与文化之间的区别在于："文明（civilization）是一个民族应付他的环境的总成

---

① Edward Burnett Tylor, *The Origins of Culture* (New York: Harper and ROW, 1958), p. 1.

绩。""文化（culture）是一种文明所形成的生活方式。"①梁漱溟认为："文化不过是一个民族生活的种种方面。"②其中包括精神生活方面、社会生活方面和物质生活方面。精神生活既包含偏向感情的宗教、艺术，也包含偏向理智的科学、哲学；社会生活主要指我们身边的人，包括家族、朋友、社会、国家等所有的生活方式以及我们所处社会当中的社会组织、伦理规范、政治制度等；物质生活包含日常的衣食住行等。由此可见，胡适和梁漱溟都持一种"大文化观"，即认为文化包含人们生活的方方面面，既包含物质层面，也包含精神层面，也即我们所理解的"广义的文化"。陈寅恪对文化的定义更加细致具体，分为广义和狭义。"所谓'文化'，又有广狭二义。在广义，大致近似生活方式一词，如'胡化汉人'一类的用法；在狭义，多指伦理、政治和宗教信仰，以及相关的价值观念。"③这里，广义的文化概念指代人们的生活方式，因为"胡化"的范围涉及人们生活的物质和精神层面，狭义的文化概念则指代与人精神价值相关的思想文化层面。有学者研究称，作为中国现代思想的代表群体之一，新儒家认为，"文化的价值集中体现在精神文化层面"④。徐复观认为，"文化是价值系统"⑤。唐君毅将文化定义为"人之精神活动之表现或创造"⑥，并且认为，文化现象从根本上讲，是精神现象，但并非这种精神现象就等同于人的心理现象，这种精神现象自觉地追求实现理想和目的的活动，并进一步将这种理想和目的具体化为真善美等价值取向，并且人类所创造的一切文化，都可以被看作人们追求内心真善美的精神层面的表达，抑或源自人们精神层面创造的产物。⑦

　　作为中国近现代具有代表性的文化学者，钱穆先生认为，"文化"二字由英译而来，其大意指由于偏近城市生活而可以互相传播的事物，所以从这个角度来理解，文化难免会更加偏重于"物质"方面，这与西方的文明（civilization）观念和内涵相契合。后来，文化的概念经过改造和转化，与田

①　胡适：《胡适文存》（3）（最新修订精装典藏版），华文出版社，2013，第3页。
②　梁漱溟：《东西文化及其哲学》，商务印书馆，2010，第20页。
③　许冠三：《新史学九十年》，岳麓书社，2003，第281页。
④　余秉颐：《现代新儒家文化哲学的核心理念》，《安徽史学》2010年第6期。
⑤　黄克剑、林少敏编《徐复观集》，群言出版社，1993，第597页。
⑥　唐君毅：《文化意识与道德理性》，中国社会科学出版社，2005，第1页。
⑦　唐君毅：《心物与人生》，九州出版社，2021，第189页。

间农业生产结合在一起，农业生活方式必须运用于本土，强调文化并非由外传入，赋予文化自生自育、内在精神层面的含义，这样，就展现出文化的特质。钱穆先生在对文化进行研究和阐释的过程当中，以历史的角度、发展的眼光，从中西文化比较的角度和中国传统文化的角度入手，持一种广义的文化观，也可称作"大文化观"。他认为，自西方译来的文明和文化二词，在中国古代经典之中早有出现。文的原始含义为"纹理"，"化"的原始含义为"变化"。"观乎人文，以化成天下"可以理解为天下由人力文饰自然而化成。在《礼记·乐记》中，也有"情深而文明"的说法。"文"在中国古语中，可理解为"花样"，正所谓"物相杂，谓之文"（《易·系辞》），"文化"即人根据人间各种花样来化成天下。这是钱穆先生对于"文化"字面意思的理解。接下来，他对文化做出了进一步的理解，认为文化是指"时空凝合的某一大群的生活之各部门、各方面的整一全体"①。

钱穆先生在对文化进行定义的时候，将文化与人生、人类生活相联系。但这种人生、人类生活非指每个独立个体的人生、生活，确切的文化应该是对应于大群的、集体的人类生活而言，并且是有时间性传续和空间性绵延的。在这一定义中，我们可以了解文化与人们生活之间的关系：其一，文化是在人们的生活中被创造出来的，文化表现于每个人的人生和生活之中；其二，个人的生活离不开文化，每一个个体的生活都需要在文化环境中进行。另外，钱穆先生认为文化确切所指的是大群的、集体的人类生活，这个"大群""集体"可以指某一民族、某一地区、某一集团或者某一国家等。这说明不同的大群、集体可以创造出不同的文化，同一集体的文化具有一定的传统性、综合性和融凝性。所以钱穆先生认为文化是"全部人生之物质方面，及其背后引生及支撑推动此种物质生活的许多重要观念、信仰、理论以及欲望等的精神积业而形成"②。概言之，人类文化就是指人生之物质方面与精神方面的集合。

由钱穆先生对文化做出的定义，可以概括出文化的若干特征。

第一，绵延性与持续性。人类文化之共通处在于："人生贵能扩展，扩展便成社会；又贵能绵延，绵延便成历史。社会求其能大，历史求其可久，

---

① 钱穆：《文化学大义》，《钱宾四先生全集》（37），第6页。
② 钱穆：《文化学大义》，《钱宾四先生全集》（37），第101页。

此乃人类文化一共同趋向。"① 在这里，文化可以说是空间和时间的融合。人类的文化是在特定空间内产生的，其产生和发展受到地理环境以及与地理环境相关的自然气候、物产资源等条件的决定和影响，不同空间、不同历史时期产生的文化有所差别，呈现出时代特征。在文化产生与发展的过程中，我们可以见得不同的空间、时间的界限明显，比如在中国，不同的地区有中原文化、齐鲁文化、三秦文化、燕赵文化、湖湘文化、巴蜀文化等，在不同的历史发展阶段有先秦文化、两汉文化、隋唐文化等。但随着文化的发展，随着文化的主体——人的不断融合和发展，不同民族、不同时期的文化界限将模糊消融，逐渐由小集体的文化融合凝聚成更大集体的文化，由早期的文化传绪流传成为民族、国家的文化传统，绵延持续。前文所列与中国历史和传统相关的文化被统称为中国文化，后代文化或多或少具有前代传统文化的遗迹，有些文化传统甚至流传延续百年、千年不变，成为中国文化的历史以及代表性标志，世界上其他国家或地区的文化也是如此。所以说，文化具有空间的绵延性与时间的持续性特点。

第二，综合性和融凝性。人类的生活是由物质生活与精神生活的诸多方面共同构成的，这些方面必须相互搭配、融洽、渗透，才能融合凝结成统一的整体，使人生得以完整，文化的要素包括生活中的政治、经济、艺术、宗教、道德、语言等诸多方面，是这些要素的综合体，并且超越了这些要素本身。也就是说，文化源于人们生活中的各个要素，并且高于各个要素之综合。所以，人们要想了解文化、认识文化，绝不仅是了解生活中各要素简单的叠加，既要了解文化中每个要素个体的含义，了解与文化息息相关的人们生活各要素之综合，还要了解各要素交互相连所产生的内在联系和意义。所以说文化是人类生活各要素、各部门综合性和融凝性的统一。

第三，整体性和特殊性。人类文化是一种时空交融的统一整体，从内容来看，文化要素构成丰富；从发展来看，文化可以分割为不同的历史时期、不同的发展阶段。所以从文化的要素之整合、历史时期之传续的角度来看，文化具有整体性。但如果从文化的分割角度，也就是从文化横向和纵向各部分分别来讲，这些文化要素、部门和历史时期又具有其特殊意义。

---

① 钱穆：《中华文化十二讲》，《钱宾四先生全集》（38），第9页。

文化的整体性是由特定时间或空间的特殊性组成的，文化的特殊性是文化整体性在某一特定时间和空间内的具体形式。所以说，文化既具有整体性又具有特殊性，不过这种整体性和特殊性并非绝对的，文化整体性是相对于文化特殊性而言的，文化特殊性也是相对于文化整体性而言的。除此之外，就钱穆先生对文化主体的界定，他认为文化的主体是人类大群的集体生活，并非指每一独立个体的生活，这就意味着，人类大群的集体生活，是融合凝聚了人们生活的整个历史的衣食住行，宗教信仰、社会风俗、文学艺术等方面。由不同的历史时期、地区及特殊个体融合凝聚成整个文化传统，即人们对于文化整体的认识。

2. 文化与文明辨析

无论是在日常生活中，还是在专业的学术研究中，"文明"总是与"文化"连用或者是互换，很多人将二者当作同义词使用。但在很多情况下，文化与文明是有区别的。有学者研究表明，文化与文明确实在发生学、词源学与日常生活的应用中有所区别。文化与文明到底具有怎样的关系？这种关系具体表现在何处呢？

从词源学角度来看，文明（civilization）源于拉丁文 civis，原意为城市的居民、公民，其有两种引申的含义，一种是公民所特有的修养和素质，另一种是对公民有益的影响和教化。这些含义与"文化"的含义相近。西方社会第一个使用"文明"一词的人应该是霍布斯，他在《利维坦》中使用了"文明社会"的概念，这里的文明与战争相对，代表社会发展至文明时代，文明时代是相对于战争、野蛮时代而言的。civilization 的词根是 civil，civil 是市民的、城市的意思，基于 civil 这一词根，就产生了西方词源学意义上的"始于城市的人类文明观"。这种文明观源于历史学和考古学，这也是西方考古学区分文明与文化的依据之一，即在西方考古学中，如果出现了城市的遗址，就会用 civiliation 来表示，如果没有出现城市的遗址，就用 culture 来表示。原因在于，考古历史学家认为，人类修建城市、在城市生活，才是人类文明的开始，在此之前的农业社会，人们所进行的活动是种植耕耘（这与 culture 的意思相吻合），是文化发展较为低级的阶段，所以还未达文明。由此我们可以将文明理解为社会发展至特定的阶段、程度的产物。

"文明"一词在中国古籍当中，最早出现于《周易》："见龙在田，天下文明。"(《周易·乾·文言》)这里的"文明"其实是"文章"与"光明"两种意思的结合。隋唐时期的经学家孔颖达将"见龙在田，天下文明"解释为"天下文明者，阳气在田，始生万物，故天下有文章而光明也"。并且，其在注疏《尚书》时，将文明理解为"经天纬地曰文，照临四方曰明"。在杜光庭的《贺黄云表》中，"柔远俗以文明，慑凶奴以武略"。这里的"文明"是与"武略"相对的，具有文治教化的意思，这种表达与中国最早"文化"二字的内涵相似。由此可见，"文明"在中国早期的含义主要指文治、教化，后来才逐渐具有指称社会的进步状态的意思，称作社会文明或文明社会，这与西方对文明的用法有相同之处。

　　钱穆先生作为文化学者，在其众多的文化学著作当中，谈及"文化"较多，谈及"文明"较少，并且，其谈及文明之时，总是会与文化的定义相联系和比较。钱穆先生讲文明，举出现在《礼记·乐记》中的"情深而文明"的例子，并且首先将"文"与"明"分别来讲，认为中国古人所讲的"文"，是花样、条理和色彩，如果能使花样鲜明、条理清晰、色彩明亮，便是"明"了。在钱穆先生看来，文化与文明的相通之处是指称人类的大群生活，这就意味着文化和文明都是相对于人类大群、集体而言的，是人类社会生活在漫长历史过程中的产物。文化与文明的区别在于："文明偏在外，属物质方面。文化偏在内，属精神方面。故文明可以向外传播与接受，文化则必由其群体内部精神累积而产生。"[①] 可以见得，钱穆先生对文化与文明区别的界定，突出了从狭义的角度理解文化这一点，认为二者的产生途径不同，文明可以由外部传来，而文化源于所处群体内部，并且需要通过漫长的精神积累而形成。这种观点在西方学界也有相似的表达，德国的文化社会学家阿尔弗雷德·韦伯（Alfred Weber）认为文化与文明的区别在于，文化是人类"创造"的产物，它表现了特定时代的人的民族性，这种特定的民族性只有在其特定的时间和空间内才有意义，宗教、哲学、艺术等精神思想层面都属于文化。文明是人类"发明"的产物，指称自然科学及物质工具等，所以文明可以被传播、传授，也可以被模仿和照搬。我们似乎可以这样理解，钱穆先生在此区分文化和文明，其实是想向人们表达一种观点。从物质使用方面来说，文明可由全世界所共通，比如西方

---

　　① 钱穆：《中国文化史导论》，《钱宾四先生全集》（29），弁言第3页。

发明了火车，传入东方社会就会被接受和使用；从内心精神方面来说，文化在全世界是有所区别的，更有其异域精神特殊性，比如欧美拍电影的风格和东方拍电影的风格及艺术表现形式会因中西文化精神的不同而不同。所以，不同的文化连接着特定主体民族的历史延续和发展历程，因此被赋予特定时空的价值和意义。文化可以说是一个民族、一个国家的灵魂所在，突出强调了文化所具有的民族性。

综上，由钱穆先生关于文化与文明认识的对比，可以知道，文化与文明的关系既有联系又有区别。其联系主要表现为：二者都是由人类创造的，源于人们的社会生活与社会历史，对应于人类的大群生活、集体生活，是人类历史文化的进步过程和发展过程的体现。正如学者衣俊卿所认为的，文明的形态正是在其内部的文化精神和文化模式的支撑下才得以展现其生命力，并得到发展和延续。① 二者的区别表现为：其一，产生途径不同，文化主要是由主体国家和民族通过漫长的历史积淀而成的，其具有特定的民族性和地域性，可以代表特定民族的民族精神，是国家、民族的灵魂之所在。文明不一定具有鲜明的民族性，可以由异族或异国传递，由异族异国共有共用。其二，属性不同。文化往往与人们生活的精神层面相联系，文明则与人们生活的物质层面相关。其三，文化可以产生文明，但文明不一定产生文化。文化产生文明的前提是，特定的文化精神能够在特定的时空中产生特定的物质文明，但由于文化精神具有时间、空间、主体（民族）的特定性，被传播之后的文明不一定能够产生特定的文化精神。

由钱穆先生对文明与文化的区别，可见其对"文明"的用法，与前述将"文明"与社会发展至进步状态的用法不同。在钱穆先生对文明和文化的认识当中，从狭义文化的角度去理解"文化"，指称精神文化；从物质方面去理解文明，事实上是更加合理地概括出"文明"的范畴，正如学者衣俊卿所认为的，"文明"的范畴，更多的是与人们活动结果之可感、有形、外在的形式相关②，这是针对人类一切外在物质活动而言的，而将"文明"理解为社会进步状态似乎将文明的范畴缩小了。

---

① 衣俊卿：《文化哲学：理论理性和实践理性交汇处的文化批判》，云南人民出版社，2005，第99页。

② 衣俊卿：《论哲学视野中的文化模式》，《北方论丛》2001年第1期。

二 文化阶层论

钱穆先生的文化学理论将文化视为人类的一种时空交融的统一整体，文化源自人类生活，文化是历史，文化也是人生，将文化学的研究对象聚焦人的本质、人生价值、人生境界以及人生价值的实现和人生境界的达成，并始终与人类发展历史、人类现实生活、人类日常实践紧密结合在一起。它旨在求索人及人的生活之"应其所是""是其所是"的问题。在钱穆先生那里，文化是人类大群人生的实际体现，也是人类大群生活的真实成果。要了解一个学说，首先要解剖其内在结构和义理，钱穆先生的文化学说，从文化的构成方面入手，始终以"人"为内在核心，以人的生活为文化结构的镜像，阐释文化与人生、文化与生活之间的联系。

1. 文化三阶层

钱穆先生认为人类文化是一种时空交融的统一整体，文化即人生，文化学是研究人生价值的一门学问。其通过对文化从横向截面横切以及纵向切面纵割的研究方法，根据人们在生活中所对的物、人、心，将人生分为三个层次，也叫阶层，此即为文化三阶层论。

就人生而言，所面对的阶层首先是物质的，钱穆先生将其定义为物质人生。物质人生包括自然生活和经济生活。人在物质人生中以小我人生为宗旨，以满足"小我"生存必不可少的基础性自然需求。这一阶层的人生目的即为社会中每个"我""求生存"，即求得个体生命之存在和延续，这是每个人的自然本性。人的生活脱离不了自然和物质，物质是人生存和发展的基础，物质生活也是人类生活所经历的第一阶段。在文化的此阶层里，主要包含个体之"我"人生当中如衣食住行等基本物质需求，人生所面对的核心是一"物世界"，面临的是人与物的问题。人的生存和发展受到自然的约束和限制，同时也能够对自然进行支配和改造。自然物质首先是人生存必不可少的，同时也在接受人类的改造和改变，成为人性的投射。值得注意的是，这一阶段虽被称作物质人生，但并不代表此阶段的人生是以纯物质为目的和依赖对象的，此一阶段，人们已经具有了精神生活和需求，只是人们的需求在较大的层面上与物质相关。在"物世界"中为了求得生存，人们会不自觉地提高其外在"斗争性"。

第二阶层是社会人生。这一阶层的人生是一种大群人生，也可以称作政治的或集团的人生，关乎人的社会性行为和事业。在这一阶层当中，人们的生活不仅限于个体物质需求，也关乎人与人之间的相处，关乎人际交往的社会性需要，面临的是人与人的问题。人生所面对的是"我世界之扩大"的"人世界"，是由"物—我"到"人—人"关系的转变，是所处大群、集体之间的关系，需要人们由修身达至齐家、治国、平天下。人只有在集体之中生活，才会产生群己关系、群体关系、家庭组织、国家制度等。这一阶层的人生目的是求得人与人之间相处之安与乐，这种安乐不仅是对于个体人生而言，更指"我"之扩大与外推之"他人"的安乐，也就是个体所处大群的富足与安乐。实现安与乐不仅需要依赖物质条件，更需要依赖维持和养护社会的制度、组织等。"人生到此境界，才始懂得不仅要求自我生命之'存在与绵延'，亦且还求其生命之'扩大与安乐'。而自己之扩大与安乐，则有待于对方与我相类的别人之生命的安乐之共鸣。"① 在社会集团生活中，面对人与人之间的关系和交往，"斗争性"降低，"组织性"随之兴起。

第三阶层是精神人生，也是钱穆先生所讲的心灵人生、历史人生。精神人生由人性出发，以人生安乐为归宿。在这一阶层当中，所包含的诸多要素，如宗教、道德、艺术、文学等，都属于理性的思想层面，它们与人生器物性的需求相对，是一些抽象、无形但又直达心灵的对象，指向人精神性的终极需求，所面临的是最高层面心对心的问题。这一阶层的人生目的在于追求崇高，这种崇高源自个体物质的满足、社会大群生活的安乐，但同时又超越了安乐，是人生精神与心灵的价值追求。在人生面对精神心灵世界的时候，需要达到一种"内外一体""物我交融"的理想境界，这时，"融合性"占主导地位。值得一提的是，为什么钱穆先生将这种精神的人生、心灵的人生也称为"历史的人生"呢？钱穆先生综合各阶层人生的目的及发展规律，认为此阶段的人生是人生发展的最高阶段，其不仅有集体的广大性，还有历史的悠久性，比如古圣孔子，在其所处历史时期内的社会生活的物质资料、风俗习惯、政治法律形式与今日大不相同，但孔子和耶稣在其所属时代产生的思想与精神得以保存、世代延续，成为世代人们的理想信念和信仰追求，因为思想、精神、心灵方面的产物触及心灵，

---

① 钱穆：《文化学大义》，《钱宾四先生全集》（37），第 17 页。

观照人生，是人类文化的最终完成，满足了人类身心的所有要求，是人生世代长久追求的目的，因此具有永恒性、历史性，所以精神、心灵的人生也被称为历史的人生。

钱穆先生将文化划分为三个层次，具体表现为文化最深结构层次的心理、价值等精神层面，制度文化层面以及表层结构的器物文化层面。[①] 同时，钱穆先生将文化定义为人的生活、人生，所以文化三阶层理论是以人生的三个发展阶段和需要为对照，阐释人类文化所具有的三个不同阶段。这种人生的发展阶段既适用于个体人生，也适用于大群、集体的总体人生。人生发展的三个阶段，事实上也是人不断面对和调和人与物、人与人、人与我的相互矛盾的发展过程。人首先在物质人生中依赖自然满足自身的生存需要，进而在大群、集体的交往中满足人与人之间的社会性需要，这样才能以"小我"融凝成"大我"之集体、民族、社会、国家。人不仅是物质性的存在，也是精神性的存在，人的物质性面对和解决的是人的肉体生命面临的问题，人的精神性面对和解决的是人的"心生命"所面临的问题，由于"心生命"是人所特有的，人心的精神性观照对人具有更为根本的意义与作用，所以钱穆先生将人生的精神层面、心灵层面视为人生的最高层面。由文化三阶层理论可知，在人生发展所经历的不同层面，"心"与物交，可以产生改造自然、为我所用之物质条件；"心"与人交，可以产生人与人交往的善念大德，让人们知道该如何与他人相处；"心"与我交，可以产生完善自我、实现自我之心灵真谛，达至文化人生的归宿。人生的这三个阶段对应文化满足人的不同的发展需求，构成了物质文化、社会文化、精神文化的方方面面，这便是文化形成和发展的过程，也是文化结构的完满体现。

2. 文化阶层的人文演进

钱穆先生认为，文化发展的人文演进不是相互对立否定的矛盾发展过程，而是不断"融摄"的过程。文化三阶层人文演进的特征，分别是生存、安乐和崇高。文化阶层的人文演进与文化三阶层最终归宿和目标一脉相承，都将人生"心生命"面临的精神性追求作为最终目的。

由钱穆先生对文化阶层人文演进的说明，我们可以进一步得到以下认识。

---

① 郭齐勇、汪学群：《钱穆评传》，百花洲文艺出版社，2015，第248页。

首先，文化三阶层，表现为一种孕育与包容的关系。文化的三个阶层，属于人生的三个阶段，这三个阶段是循序渐进的，高级阶层源于低级阶层并超越于低级阶层。即第一阶层是第二阶层的基础，只有在满足第一阶层之目的的基础之上才可上升为第二阶层，第三阶层也如此，必须以第二阶层的满足为基础。最高阶层的精神人生是在物质人生与社会人生中孕育出来的，并且始终超越二者。随着文化阶层的逐步上升，人生的意义与价值也在逐层升华。低级阶层的目的成为高级阶层的手段，并且形成目的决定手段的模式。由此可见，钱穆先生在对文化阶层进行认知的过程中，肯定了人最基本的物质经济生活之于人生的基础地位。

其次，在文化三阶层人文演进中，其过程表现为"融摄"。钱穆先生提出文化三阶层人文演进的发展方式。一方面，认为文化三阶层与人生的三阶段之间虽然有演进和转化，但并非相互矛盾对立的关系。例如在从自然人生转至社会人生之后，自然人生仍然被包含在社会人生之中，并非表现为社会人生将自然人生否定、抛弃、取而代之的状态。同样地，精神人生也不与物质人生矛盾对立，文化的发展即便到达精神人生这一最高阶段还是免不了基本的物质人生需求，因此，精神人生并不能否定物质人生和社会人生。这三者之间的发展与演进，并非否定和取代的关系，并非显现出一种斗争性，钱穆先生将其称为"融摄"。①

最后，文化三阶层人文演进之目的与特征分别为生存、安乐、崇高。②人们的物质人生，主要目的在于求得生命的存在，在于追求衣暖食饱，也在于追求生命的延续，这是人生所需要经历的最为基础的阶段，但人生不能仅停留在这一阶段，这样与禽兽无异。人具有社会属性，必然会经历人与人的社会关系，正如钱穆先生所认为的，当我们能够维持生命的延续，就会对人生产生新的要求，赋予人生新的意义，也会对自我产生新的认识。人们便由"物我"的世界进入"人人"的世界，面对人与人的交往，可以将"他者"看作由"我"扩大而成的另外之"我"的存在，这样，当发生人与人的交往关系的时候，人们能够像对待自己一样对待他人，这样才能使内心感到安乐。钱穆先生为说明文化三阶层人文演进的目的，指出人分

---

① 钱穆：《文化学大义》，《钱宾四先生全集》（37），第 22 页。
② 钱穆：《文化学大义》，《钱宾四先生全集》（37），第 15 页。

男和女，这是一种自然，对应人生第一阶层，人的目的在于求得生存。由
男女，可进一步发展为男女夫妇婚姻，婚姻与夫妇的意义不仅包含自然生
命的延续，更在于能够在双方互相的对待中获得安乐，这对应人生第二阶
层，即人与人的交往层面。男女结为夫妻，这使男女之情显得更加高贵和
纯洁，这是人生中更为理想的状态，钱穆先生将其称为艺术的、道德的、
文学的夫妇婚姻，艺术的、道德的、文学的男女结合，这样便进入了人生
的第三个层面，即精神层面。① 人生进入精神层面，才会关注与精神相关的
文学、艺术、道德等方面，才具有了精神层面的崇高理想。

根据文化三阶层人文演进的规律、特征和目的，钱穆先生认为，中国
文化的发展严格按照文化发展阶层之递进发展的轨道，由第一阶层进入第
二阶层，再由第二阶层跃升至第三阶层；并且由第三阶层向下领导、控制
和指导第一、第二阶层。所以中国文化较西方文化更为合理、更为稳健，
虽然也会产生一些文化病，但都是些无关生命的小症。所以中国文化虽屡
受外族入侵掠夺，却未能被摧毁和撼动，这都有赖于中国文化本质和精神
的顽强，有赖于中国文化人文演进符合最优的人文演进规律和进程。西方
文化人文演进与中国文化发展阶层递进的道路不同，它们要么是希腊、希
伯来式的"腰部虚脱的早熟文化"，这种早熟的文化指文化第一阶层发展过
剩，文化人文演进未进入第二阶层建立健全的社会政治基础，直接滑入第
三阶层，这使得文化之宗教、艺术、文学等领域均有很高的成就，但政治
落后，不能很好地起到教化民众、治理国家的作用；要么是罗马式的"积
滞胸腹的臃肿文化"，这种文化总将焦点落在文化第一、第二阶层的物质、
政治、法律、斗争等事物上，始终无法到达第三阶层，导致文化的第一、
第二阶层臃肿瘀滞，第三阶层匮乏。钱穆先生的文化之人文演进发展学说，
以人文本位观为基本立场，以历史动态发展的眼光，向人们提示了文化发
展应有的轨迹和步骤。其实，这种文化发展规律更像是对比中国文化发展
和特征量身定制的，所以才能由此理论得出，中国文化是严格按照人文演
进规律发展的文化。

学者赖功欧认为钱穆先生的文化之人文演进观是文化之历史意识与人
文意识的统一，强调文化历史发展的动态规律，也强调了中国文化及中国

① 钱穆：《文化学大义》，《钱宾四先生全集》（37），第19页。

文化演进的人文主义、历史主义和民族主义立场。同时，我们也可以从钱穆先生文化之人文演进观中得出，动态的、协调的并且符合一定的发展规律，才具有文化演进持续不断的"常道"之价值。[1]

三　文化要素说

文化即人类大群生活之总体，人类的生活是由多方面要素所组成的。钱穆先生的文化要素理论，基本遵循了物质、制度、精神三层次说，认为人类文化主要是由经济、政治、科学、宗教、道德、文学和艺术组成的一个有机体系，各种要素自有其功能和作用，整合起来构成文化之生命。这些要素可以分别与前述文化三阶层相对应，第一阶层与经济生活对应，第二阶层与政治生活对应，第三阶层与宗教、文学、道德、艺术生活对应。科学之自然科学可以对应于文化第一阶层，科学之人文科学可以对应文化第三阶层。无论人们处于何时、何地、身为何种民族，其日常生活中都离不开这七种文化要素的配合。钱穆先生认为，所有的文化，都会包含这七种要素，文化与文化之间的不同之处在于，这七种要素各自所占比重不同，形成文化与文化之间的差异。

钱穆先生将中国文化比喻为一棵树，诠释文化各要素在中国文化中的作用、比重和特点。将文化第一、第二阶层的经济、物质、政治和科学喻为树木成长之必要的环境基础，就像是阳光、空气、土壤、肥料等，这是树木生长的必备条件，不可或缺。文学和艺术是树木成长成熟时所结的果实。宗教和道德则为树木成长的内在生机，体现其内在精神，对树木成长的作用表现在无形之中，可以说是无用之用，但用处最大。这一比喻将文化各阶层之于文化的作用和意义表现得准确、到位，可以帮助我们更好地理解文化之各个要素及其在文化结构中所处的位置，尤其了解和认识中国文化各要素及其在文化结构中所处的位置。

1. 文化之基石：经济

文化三阶层中的第一阶层，我们可以称之为物质阶层、经济阶层。钱

---

[1] 赖功欧：《作为文化进化论者的钱穆——"人文演进"观绎论》，《江西社会科学》2006 年第 2 期。

穆先生认为，"经济生活，即人类文化之基石"①，文化的经济要素，相当于前述文化三阶层之第一阶层，主要包括人类生活与衣食住行相关的物质生活。文化的产生，必然从人类生活最基本的生命存养出发，对应地，必然从经济物质出发，经济是人类文化产生和发展必不可少的基础和条件。在钱穆先生看来，人生、文化离不开经济所起到的基础性作用，但也对经济的消极作用进行了批判。他认为，经济有积极的一面和消极的一面。首先，一个社会当中，如果没有经济的发展，必将阻碍和影响其他事物的发展，但社会发展至某一经济发达的阶段，并不一定会有相当程度文化水平的提升、文明程度的提高与之匹配，文化发展的速度较之前可能会有所下降。也就是说，当人们在经济需求较大之时，经济之于人的意义和价值固然明显，但当社会发展至一定阶段，人们对物质经济的追求就没有之前迫切，那么，物质经济的意义也就不那么明显了。这有些类似于经济学中的"边际效益理论"。其次，社会当中的物质经济生活水平提高，并非代表社会文化总体价值提高。比如我们将所处的现代与先秦时期相比，现代物质经济生活得到了极大的丰富和提高，远超先秦时期，但先秦时期的文化成果丰富，人们谨守礼仪、法律和伦理秩序，时至今日，却出现了道德滑坡、道德沦丧等社会道德倒退的现象。所以，依照钱穆先生的观点，物质经济并非万能的，我们不能仅凭物质经济生活来衡量和评判自己全部的人生，除物质经济之外，人生还有其他重要的组成部分。同样地，我们也不能仅凭物质经济生活来评判社会的文化发展水平，文化发展水平需要综合所有文化要素进行评判。经济与文化关系密切，二者互相影响、互相制约。物质经济发展水平会影响和制约社会文化的建设速度、生产结构以及传播方式。社会文化的发展水平会影响和制约经济的增长、产业结构的调整以及经济活动相关者的素质修养。

2. 文化之辅助：科学

广义的科学应该分为自然科学和人文科学两种类别。自然科学以数学和几何为基础，以推演为主要研究方法，由"一"推演到"多"。人文学科以历史和文化为基点，以综括为主要研究方法，由"多"推概到"一"。自然科学和人文科学由于其研究对象不同，所以研究的方法也不同。西方社

---

① 钱穆：《文化学大义》，《钱宾四先生全集》（37），第39页。

会凭借科学领导世界，似乎意味着科学是万能的、功能强大的，钱穆先生不否认科学之于文化的重要地位和特殊功能，但也明确强调，科学并非文化诸要素的主导。那么，科学在文化中的特殊功能究竟是什么呢？依据钱穆先生的观点，我们需要对科学进行划分。科学发明的应用，大都属于物质经济层面，科学思想、科学技术、科学发明本身则大部分属于精神层面。科学总是与真理联系在一起，所以科学总是源自人类的理智、理性探索、理性思考，是不以人的意志为转移的现实真理，这些真理具有客观性、永恒性、超越性，但这种真理，被人们更多地理解为自然真理，并非人生真理，或者说科学只能表达人生真理的一部分，所以，科学真理不能完全用来指代人生。科学真理只能用来判断事物的实然方面的"可能"与"不可能"，或者"必然"与"不必然"，却不能帮助人们判断事物之应然层面的"该当"与"不该当"。所以，科学不能决定和指导人生，只能便利人的生活，给予人生以辅助和方便。由于钱穆先生将文化定义为人生，因此科学之于文化的意义和价值也如此。科学不能决定和指导文化，只能对文化发展与进步起到辅助的作用。

3. 政治：政治上倾与政治下倾

政治可以对应文化三阶层的第二阶层，我们可以将政治理解为社会之制度、法律、风俗、习惯等。钱穆先生将政治从广义层面划分为上倾型政治与下倾型政治两种。上倾型政治是把政治的措施和文化之第三阶层的精神人生相联系，并且认为这种政治受到精神人生的领导；下倾型政治是将政治与文化第一阶层的物质经济相联系，并且认为这种政治受物质和经济的支配。在钱穆先生看来，西方政治形态大致可以分为三类：其一，希腊的市府政治，也可以称作平权的政治，其根本追求是每个人的自由和平等。其二，罗马的帝国政治，也可以称作民权的政治，其主要追求权力的征服。其三，犹太的基督政治，也可以称作神权的政治。这三种政治类型中，只有神权的政治可以称为上倾型政治，这种政治寄希望于精神并接受其指导。其余两种皆属于下倾型政治，受到物质经济的支配和限制。

反观中国，总是将政治与道德相联系，政治体制建立在个人道德、家庭伦理与社会礼法之上。基本上遵循由道德领导政治，再由政治领导经济的形式，使得政治和经济都具有道德性，所以中国的政治是一种上倾型政治。这种上倾型政治使得中国实现了"由一民族来创建一国家，由一国家来抟成一民族"① 的国家体制。政治的两种倾向决定和影响了国家、社会、民族的发展、融合与分裂。受不同政治倾向的影响，西方社会总是呈现一种四分五裂、支离破碎的态势，中国则沿着"修身、齐家、治国、平天下"这一政治理想路径，在秦朝时期即实现了中华民族的大一统，建成了统一的民族国家。随后的中国历史虽然几经改朝换代，形成所谓"八大统一、四大盛世、三大帝国"，但其血脉都被归为中华民族之脉，统称为中国，延续至今。

4. 艺术、文学、宗教与道德：心灵之内外交融

在钱穆先生看来，西方科学面对物的世界，用科学的眼光去观察世界，物在"我"之外，所以需要征服、斗争；政治面对人的世界，用政治的眼光去看待人，也在"我"之外，所以需要组织、制度。艺术、文学、宗教、道德等文化要素，与人类心灵之精神相对，既不在"我"之内，也不在"我"之外，是一种心灵内外交融，所以均与文化第三阶层相对应。

第一，艺术。艺术与文化的关系紧密，并且随着文化的历史演化而演化。文化对艺术的特点、风格、表现形式以及艺术的成就都具有深远的影响，同时，社会文化的发展、文明的进步，也需要通过艺术形式表现和传达，通过艺术作品表达的艺术精神总是社会文化、民族精神、地域特色的写照。

"艺术精神则重在'欣赏'，把整个的我，即把我之生命及心灵，投入外面自然界，而与之融为一体。于是在自然中发觉有我，又在自然中把我融释了、混化了，而不见有我，而那外物也同成为一'灵'。这是艺术的境界。"② 钱穆先生认为艺术的特点是讲求"趣味"，追求"美"的境界。这种"趣味"的客体是物，艺术之物是在物体本身基础上增添了生命，显得更加鲜活与动人，即艺术强调的是一种以"我"之心灵、生命、感官对客观之物的审美和欣赏，其理想是最终能够达至艺术的境界，即审美的境界，也即物我合一、天人合一的境界。

第二，文学。文学和艺术比较相似，二者各指心灵的情和趣两方面。钱穆先生认为，"艺术是把人生投向非我的'物世界'，文学才把人生投向

① 钱穆：《文化学大义》，《钱宾四先生全集》（37），第49页。
② 钱穆：《文化学大义》，《钱宾四先生全集》（37），第51页。

与我同等相类之'人世界'"①。在艺术当中，我们总能有"忘我于物"的感觉，在文学中则常感到"忘我于人"。艺术的对象总是"物"，所以由艺术之中发现的"我"，实际上只是一个想象的"我"。文学的对象是人，人中总包含一个"我"，即便文学当中的我是一个"彼我"，也总能找到"我"的影子，人们可以通过文学作品找到与自我人生相似、相对、相呼应的人、事、物、场景，进而产生共鸣，所以文学当中的我可谓"真我"。因此钱穆先生得出的结论是，相对于人而言，艺术没有文学真切。但二者都能够表达人的内心情感，起到帮助人心与外物、与自我情感交流、交融的作用，成为人们生活不可或缺的表现形式。

第三，宗教。人生到无可奈何、无所寄托的时候，便会转向虚无世界之彼岸——宗教。宗教源于人之心性，是人从心对外物的一种对象化的寄托，其以超然的抚慰人心的能力，成为信众的精神家园、心灵寄托。英国著名学者汤因比认为，神话和宗教都是文化的创造，是人类对各种自然和社会挑战的回应。人们总把宗教与信仰紧密联系在一起，宗教不仅是人的信仰，还是人的社会文化活动，是社会文化历史的有机组成部分。钱穆先生认为，宗教属于一种外倾型的文化，其一切寄托与归宿都指向人之外的神圣化对象，比如耶稣、上帝，这可以说是一种天人对立。宗教是一种变相的艺术和文学形式，一切的宗教仪式，都可归为艺术类，一切的宗教传说，都可归为文学类。所以宗教人生与艺术人生、文学人生有诸多相似之处。但宗教相对于科学真理而言，经不起理性的审视，所以其是非科学的。并且在科学技术逐渐发展的今天，宗教在人们心中的地位逐渐消减，正如钱穆先生所言："上帝只是人类内心中所要求的一亲人，不如人类所亲手创制的一工具。"②

可见，在钱穆先生的文化思想当中，一以贯之更加认同文化心灵精神层面的要素之于人生的价值和意义，因此，在对人生的意义和价值方面，宗教总是高于经济、政治、科学等要素的。

总体来看，钱穆先生认为，宗教作为文化要素之一，其地位和作用还是非常重要的。宗教之所以能够成为文化要素之一，并且成为文化要素当

---

① 钱穆：《文化学大义》，《钱宾四先生全集》（37），第53页。
② 钱穆：《文化学大义》，《钱宾四先生全集》（37），第56页。

中比较重要的部分，源于其与文化有诸多相似之处。首先，宗教具有很强的文化特性，甚至有学者将宗教等同于文化。在人类社会生活历史当中，宗教与政治、艺术、文学、道德甚至经济都有一定的联系，其文化性得以显现。其次，宗教与文化相互联系，具体表现在：宗教与文化的发生、发展具有内在关联性，在结构层面，宗教和文化互相影响和渗透；在功能层面，宗教与文化互为补充。① 宗教是西方文化体系中的构成要素。在中国，虽然也有宗教，但这些宗教大都源自外域，所以，较之西方，宗教在中国传统文化中的地位较为次要。

第四，道德。在钱穆先生的文化要素理论当中，将道德视为最重要的文化要素，尤其是在中国传统文化当中，表现更甚。"在中国人观念里，人生终极希望，乃道德，非宗教。"② 在钱穆先生看来，首先，道德是人对自我心性的一种信仰，是人生理想，也是人生理想的实践。比如，在中国传统道德中，强调父慈子孝，这是对为父为子者最基本的道德要求，也是为父为子各自角色的理想状态，如何达到这种理想状态呢？便是为父者尽己之慈、为子者尽己之孝，父子双方在对对方的道德实践中达到各自的理想状态，如果没有各自道德的实践，就达不到各自的理想状态，所以说，道德须躬行，也是人生理想的实践。其次，道德人生是一种自足自信的状态。道德的最高追求和期待尽在"己"之"我"，也就是反求诸己、尽其在"我"、别无外求，于己之中求得德性达成以及德行实践，只有这样，最终才能实现自足、自信，这样的自足和自信是对人生理想达成的自足，是对自我人生价值完满的自信。最后，道德存在于人的意志中。"若说宗教是信仰的，道德则是意志的。信仰在外，意志在我。在道德意志中，可以有理智、有趣味、有感情、有信仰，所以能无入而不自得。"③ 此外，钱穆先生还认为，道德的人生旨归在于"入世"人生，追求在现实人生之中达到应然与实然的道德境界，这样才算进入文化人生，并能更为积极地面对文化人生。为什么说道德是人生的理想境界？因为在道德中，人们可以找到科学中所特有的理性、艺术中所特有的趣味、文学中所特有的感情、宗教中

---

① 黄海德、张禹东主编《宗教与文化》，社会科学文献出版社，2005，第14~17页。
② 钱穆：《文化学大义》，《钱宾四先生全集》（37），第57页。
③ 钱穆：《文化学大义》，《钱宾四先生全集》（37），第58页。

所凸显的信仰，其于人生之特性融入内自心，是人人自得的，也是人人都向往和希求的。

由钱穆先生关于文化要素之道德的学说可以认识到，文化作为人类大群、集体实践活动的产物，必然包含人类自身所特有的价值追求、理想信念、行为规范，这一价值规范系统的核心是道德。道德作为价值体系的核心在中国文化中表现尤为突出。中国社会强调以人为本，历来注重"人"的问题，始终围绕人的价值、人的品德、人的归宿等问题构建价值体系，注重理想人格的完善和道德的养成，钱穆先生将中国传统社会这种追求内己的道德境界称作"内倾的道德精神"。因为在中国人的观念中，只有道德修养和道德实践才能使自己具备孝、悌、忠、顺、仁、义、礼、智等道德品质，只有内存外践这些美德才能让自己找到人生意义、实现人生价值，最终到达所追求的人生安乐之归宿。如前所述，这种内倾的道德精神，是中国文化最重要的组成部分，是中国文化的核心和灵魂。同时，文化中的道德要素对于国家也有重要的意义和作用，钱穆先生认为道德对文化其他要素起到统领作用，正如贺麟所认为的，道德是立之根本，是对国家维系具有基础性作用的命脉。①

如果说钱穆先生的"文化阶层论"，是对文化理论的一种抽象概括，对文化的一种总体性把握，那么"文化要素说"，就是从文化的具体处领略其组成部分，具体包含了人类生活的物质、社会、精神的各个方面，让人们能够更加直观地体会文化的功能、意义、价值以及产生不同文化类型的原因。"文化要素说"作为钱穆先生文化结构论的重要组成部分，除揭示文化所内含的各个具体部分以外，更通过其"要素占比"的论断指出中西文化的差异及特点。中西文化都必须同时具备上述七种要素，二者都离不开物质经济的基础，却仍然具有明显的差别，因为一切文化"由此内倾，则成为中国型，偏重政治、道德、人文一面。由此外倾，则为西欧型，偏重科学、宗教、自然一面"②。所以，"西方文化的最高精神，是'外倾的宗教精神'。中国文化的最高精神，是'内倾的道德精神'。外倾精神之发展，一方面是科学，又一方面是宗教；内倾精神之发展，一方面是政治，又一方

---

① 贺麟：《文化与人生》，上海人民出版社，2011，第31页。
② 钱穆：《文化学大义》，《钱宾四先生全集》（37），第61页。

面是道德"①。这种对中西方文化精神的总结和概括，揭示了中西方文化要素侧重点之不同，这与梁漱溟先生对中西方文化要素所偏重之处的概括不谋而合。在梁漱溟先生看来，文化即"生活的样法"，并且将其划分为三种路向，分别为：西方文化由于更加重视向外求索，侧重科学和民主；中国文化更加重视持中和调和，侧重道德与伦理；印度文化重视"反身向后"，侧重于佛教之宗教。② 可见，中西文化要素配比的差异导致形成中西文化内外倾的差异，这是中西文化分歧的具体表现，只是梁漱溟先生将西方同样重视的宗教要素归为印度文化的特色。由钱穆先生的文化要素说，我们不仅能够剖析文化的要素构成，还能通过其要素配比了解异文化差异的根源之一。由这种文化要素的配比差异，可以将西方文化理解为"宗教型"文化，将中国文化理解为"伦理型"文化，正如樊浩先生所言，对于中西文化所做出的这种划分，并不是因为宗教和伦理是否存在于文化的体系之中，而是因为在文化体系之中，宗教和伦理所具有的不同构造以及所处的不同地位。③ 这一理论，在钱穆先生的文化学理论中均有体现，可见钱穆先生把握了文化差异的灵魂和关键。

第二节　文化演进规律论

"文化既是一生命，它本身定是要变，不是我们要去变它，它自会变。"④ 只要是生命，就会顺应产生、持续、变化、发展之过程，文化也如此。所以说到文化，必然会言及文化的新与旧、常与变、盛与衰、进与退、精华与糟粕、希望与远景等，即文化的产生、持续、变化、发展之历史过程与规律。这对于我们正确把握文化发展脉络，正确看待中国传统文化，为中国文化谋出路和发展的问题，有很大的启示意义和帮助。据此，我们可以认识和了解中国传统文化的生存要求与欲望，理解中国文化"生命的精神"。

---

① 钱穆：《文化学大义》，《钱宾四先生全集》（37），第60页。
② 梁漱溟：《东西文化及其哲学》，商务印书馆，2010，第68—81页。
③ 樊浩：《现代中国伦理道德的文化自觉与文化自信》，《东南大学学报》（哲学社会科学版）2018年第1期。
④ 钱穆：《中国文化精神》，《钱宾四先生全集》（38），第8页。

一 影响中国文化产生的几大观念

要了解文化的演进和发展，就要遵循文化的产生、发展、未来的逻辑顺序，首先需要了解文化的产生问题。在钱穆先生的文化发展规律论中，其主要以中国传统文化为对象，要想了解中国传统文化的起源，就要从影响中国文化产生的观念说起。文化受异时空的影响表现出不同的形态和特性，除此之外，还受到特定的民族、国家、宗教观念的影响。钱穆先生认为，中国文化产生于特定的民族观念、宗教观念、国家观念和人道观念，这些观念"始终成为中国古代文化之主要泉源"[1]。

1. 民族观念

中国古代，从大民族的角度来看，民族之间并无明显界限，并趋于融合。这首先源于异姓通婚制度。"他们因同姓不通婚的风俗，使异血统的各部族间，经长时期的互通婚媾而感情益臻融和。"[2] 其次，当时的人们有相似的生活方式，所以形成了相似的文化，进而部族与部族之间的界限也逐渐消融。最后，源自时人融通宽大的民族观念。其实，当时的中国，确然有如戎、狄、蛮、夷等，使得"四夷"和"诸夏"产生了民族界限，但这种界限仍然不来自血统，而来自相异的生活习惯与政治方式，以及最终导致的文化差别。正如钱穆先生所言："在古代观念上，四夷与诸夏实在另有一个分别的标准，这个标准，不是'血统'而是'文化'。所谓'诸侯用夷礼则夷之，夷狄进于中国则中国之'，此即是以文化为'华'、'夷'分别之明证。这里所谓'文化'，具体言之，则只是一种'生活习惯与政治方式'。"[3]

秦汉时代的中国人，按照民族可以划分为华夏系、东夷系、荆蛮系、百越（粤）系、三苗系诸系，这些部族分别散居在中国各处，各自的生活习惯会有一定的差别，即便如此，由于中国古人融通宽大的民族观念，秦汉之际，国家逐渐融凝为一个大的统一体。

至秦汉之后的魏晋南北朝，中国在经历了 400 年的盛世久安之后逐步走

---

① 钱穆：《中国文化史导论》，《钱宾四先生全集》（29），第 55 页。
② 钱穆：《中国文化史导论》，《钱宾四先生全集》（29），第 43 页。
③ 钱穆：《中国文化史导论》，《钱宾四先生全集》（29），第 45 页。

向衰颓，出现了异民族的羼杂。这里的异民族不是指从血统上区分的民族，主要指生活方式和文化相异的集团民众。汉代末年，异民族主要有北方的匈奴、鲜卑、羌，追溯其祖先，与诸夏同源，因此当时的中国人对这些异民族的态度仍然是宽大和融合的，不仅让他们习得与自己同样的文化、习惯与风俗，而且授之以田地稼穑之技术。

2. 宗教观念

钱穆先生认为："根据殷墟甲骨文，当时人已有'上帝'观念，上帝能兴雨，能作旱，禾黍成败皆由于上帝。上帝是此世间一个最高无上的主宰。但甲骨文里并没有直接祭享上帝的证据。他们对上帝所有愿请，多仰赖祖先之神灵为媒介。"[①] 当时的"上帝"不直接与平民产生联系，而是凭借家家户户的祖先神灵以连接天人。例如，周代有"祖先配天"的观念，他们既由家族的祖先来配上帝，还认为其王朝皇帝，是"上帝"派来统治人世的代表，所以，只有王室贵族才可以行使祭天大礼。这一点表明，中国古代宗教观念的特殊之处在于"把宗教范围在政治圈里"[②]。这种理论决定了当时宗教中的"上帝"观念主要关注人世间的国家治理、政治制度等公共政治事务，上帝不直接与每个私人有所联系，与其产生联系的只能是统治者，并且会在掌管统治者的过程中根据统治者治理政绩的好坏决定其资格的延续和撤销。需要强调的是，中国古代的宗教虽然被固定在政治的范围之内，但其不是为上层统治阶层所利用的工具，如前文所说，统治者如果不能广泛代表民间大众的公共利益，其一样会被"上帝"撤销其通感上帝的能力。因此，钱穆先生说："中国宗教是一种浑全的'大群教'，而非个别的'小我'教。"[③] 即"上帝"与人类全部之大群体的合一，宇宙与人生融为一体，也就是"天人合一"。

钱穆先生认为，传统文化发展至先秦时期，当时的人们将人生理想都寄托于儒家的理论思想之上，并不过多地需要宗教的力量来维系人生。但发展至东汉中期，随着东汉王室的衰退及士族门第的兴起，儒家思想在人们心中的地位和指导作用降低。原本能指导人们实现理想、给予现实人生

---

① 钱穆：《中国文化史导论》，《钱宾四先生全集》（29），第49页。
② 钱穆：《中国文化史导论》，《钱宾四先生全集》（29），第49页。
③ 钱穆：《中国文化史导论》，《钱宾四先生全集》（29），第51页。

安慰的儒道思想变得脆弱和无力，人们只能将人生寄托转移至宗教，转移到来世、天国、上帝等异世界的神秘事物当中，宗教的地位被提升了。所以印度的佛教此时传入中国，适合中国这片土壤，在人们的心中生根发芽。原本的中国传统思想总是以主观的思想去看待整个世界，"天地与我并生，万物与我为一"，主张物我相融、物我合一，并不认为"我"之外还有一个世界，物我对立，需要向外世界求得安慰和寄托，缺少外来宗教生根发芽的思想基础，但印度佛教传入中国后，却能融入中国人的思想并为人们所接受，其原因主要在于二者所具有的共通之处。首先，佛教乃是一种"人本位"的宗教，其与西方基督教将人生寄托于外在世界之"上帝"的观念不同，佛教的最高位者乃是人类自身世界当中的诸佛诸菩萨，这与中国传统文化崇拜"圣贤"的思想契合。其次，佛教"悲观消极"的世界观与人生观，恰与道家对现实人生"无为""无争"的态度极为相似。佛教在中国发展至三国两晋南北朝时期，由于其目的是代替传统儒家在人们心中的地位，传统佛教的宗教性含义较浅，教育人心的含义较重，原本玄妙的教理实际上与人们现实的伦常日用联系紧密，并且出现了将中国人的现实寄托融入佛教教义的原始佛教所没有的教派，如天台宗、华严宗等，故此，钱穆先生将当时的佛教称为"中国化的佛教"，并将当时的僧侣称为"变相的新儒家"。除佛教之外，道教也应运而生。但当时的道教称不上宗教信仰，只能说是"自寻安乐、闭门习静、焚香默坐、诵经念咒、服食药物"的黄老方术。隋唐时代，国力复兴，重回盛世，人们将希望复归现世人生的轨道上，宗教的地位降低。发展至宋、元、明、清时期，这一时期的国力与秦汉时期、魏晋南北朝时期相比稍显逊色，佛教思想被本土文化思想同化程度加深，更为"中国化"，因此，宗教势力也日渐衰退。

3. 国家观念

钱穆先生认为，一方面，中国古代人没有明显的民族界限的观念，另一方面又有宗教之"上帝"掌管整个人生大群的生活，由此可以推断，中国人对于国家的观念是"平淡或薄弱"的。正如钱穆先生所言："中国古代人……他们常有一个'天下观念'超乎国家观念之上。他们常愿超越国家的疆界，来行道于天下，来求天下太平。"①

---

① 钱穆：《中国文化史导论》，《钱宾四先生全集》（29），第 52 页。

这种超越"国家"观念的天下观，实际上是将"国家"的概念置于更为宽泛的含义中理解，即抛却狭义的国家观念，从"天下"的角度去理解"国家"。中国古代上至上层的知识分子，下至庶民百姓，大都怀有这种超越于国家观念的天下观，正是这种以"天下"广土众民为国、为家、为同胞的观念，造就了中国人尚和、贵安的思想特点，也造就了中国尚和、贵安的文化特质。

4. 人道观念

"所谓人道观念，并不指消极性的怜悯与饶恕，乃指其积极方面的像后来孔子所说的'忠恕'，与孟子所说的'爱敬'。人与人之间，全以诚挚恳挚的忠恕与爱敬相待，这才是真的人道。"① 钱穆先生认为，这种观念源于中国人传统的家族观念，"中国文化，全部都从家族观念上筑起，先有家族观念乃有人道观念，先有人道观念乃有其他的一切"②。即人道是由家族开始的，忠恕和爱敬是先由对父子、夫妇、兄弟等家人的爱敬和忠恕，进而生发推扩至家族以外的人。中国文化最重家族，家族是中国文化的重要支撑点。中国古代的家族观念有一个特点，"父子观"重于"夫妇观"，这是因为在中国人的传统观念中，家庭的终极目标不是缔结婚姻，而是父母子女的永恒延续、绵延不绝。因此，人道观念还有一个核心，即家族，家族观念的核心即"孝弟"，"孝是'时间性'的人道之'直通'，弟是'空间性'的人道之'横通'"③，人们可以将"孝弟"推扩发展至人生之时空的四维八方、万事万物。这样就使中国人由家族观过渡到了人道观、世界观。可见，在钱穆先生看来，中国人的人道观念以家族成员的人际关系为对象，以家族成员之间的爱敬道德情感为原点，以家族成员之间的孝悌之道为核心，进而推扩至国家、社会的人际情感、人道观念，这是中国文化的特别之处。

上述四种观念中的民族观念、宗教观念、国家观念"这三项观念的内部，又是互相关联，有它们共通融成一整体的意义。这一种观念与意义，始终成为中国古代文化之主要泉源，促成了秦汉以下中国之大一统"④。上

---

① 钱穆：《中国文化史导论》，《钱宾四先生全集》（29），第55页。
② 钱穆：《中国文化史导论》，《钱宾四先生全集》（29），第55~56页。
③ 钱穆：《中国文化史导论》，《钱宾四先生全集》（29），第56页。
④ 钱穆：《中国文化史导论》，《钱宾四先生全集》（29），第55页。

述三种观念都属于人之外层的观念，"人道观念"属于人之内部的主观观念，同样也是中国文化产生的主要源泉，甚至于，源于家族的中国传统文化的人道观念，是民族观念、宗教观念、国家观念的源泉。也就是说，中国传统文化产生的最为根源的观念即中华民族的"人道观念"。有了始于家族以"忠恕爱敬"为本的"人道观念"，就会有"融通宽大"的民族观念、"天人合一"的宗教观念以及"天下一家"的国家观念。正是这些观念，成为中国文化产生的源泉，才能推动中国文化的创造和新生，并决定中国文化的特点。

二　中国文化发展演变规律

任何文化的发展都不是一成不变直线前进的，必然会有升华、低沉、进步与倒退，这是文化发展的一般规律，也是文化发展不变的规律。事物是普遍运动、变化、发展的，世界上唯一不变的是变化本身，世界万事万物都逃不开这一规律。文化本身不是一种生命，但我们应将其看作一种"生命"的存在，在其或长或短的发展历程中，变化变动是永恒的、绝对的，其相对而言的"常"可以看作很多"变"的集合，所以，文化的"变"也只在其大宗之"常"中变。钱穆先生认为，中国人言"变"常与"化"相连，当"变化"讲，这是在讲变的一种状态，即变，不求速度之快、之急，不求规模之巨大，不求变化之突然，中国人常讲的"变"，是一种逐步积化而成的变，是渐化之变。这种过程看似不变，实则一直在变化当中，直到变化至一定程度，才慢慢显现出变化的样子，我们可以将此理解为由量变积累到质变的过程。所以，任何文化的发展都会经历深沉与进退之"变"，而这一进退与深沉的规律是文化发展之"常"。

"任何一种文化都由曲线前进，有时上升，有时下降，只看历史上各时期之治乱兴衰，便可见其文化进退升沉之大概。"① 文化的进退与深沉一般会显著地表现在文化的政治、经济等外显的要素之上，但究其原因，主要还是在社会风俗、学术思想、道德信仰等主体内心层面。这便是文化发展永恒的规律。钱穆先生认为，从中国文化演进的具体表现来看，在历史上划分为四个阶段。

---

① 钱穆：《中华文化十二讲》，《钱宾四先生全集》（38），第79页。

中国文化演进这四个发展阶段，遵循了文化发展的一般规律，呈现出不同文化要素变动主导、进退深沉的样态，也呈现出国家社会与国家文化的深沉与进退。第一阶段是先秦时代。这是中国文化的产生和基础阶段，在这一阶段中，确定了中国文化发展的终极目标和指导方针，即确定了中国人人生大群的共同理想和共同信念，其基本的指导思想是世界大同的天下太平理想，并初步完成了民族融合和国家融凝。第二阶段为汉、唐时代。在此时期，政治日趋民主，经济日趋平等，这也为中国文化大融合和繁荣奠定了基础。第三阶段是宋、元、明、清时代。在这段时期，在文化融合的大背景之下，文化各个要素如文学、艺术等的发展欣欣向荣。除此之外，还应有中国文化发展的第四阶段，即与现时代最为接近的时期。在这一时期，人类大群共通的方面以及各个个人的个性发展都已能被安排顾及，接下来该将更多的注意力转移到人之外的物质环境的提升及改善方面，用现在的话来说，或许可以表达为"满足人们日益增长的物质文化需求"的阶段。

钱穆先生将中国文化发展时期分别与西方文化发展的时期做出对比。他认为，中国文化发展的第一个时期，类似于西方文化历史中的"哲学、宗教时期"。需要强调的是，这里所指的哲学，不是指一种思辨式的与客观物质世界以及自我灵魂的对话，这里所指的宗教也不是指相信在"我"之外有一个神圣的世界和上帝，其分别指称的是对人生的理想以及人生的信仰。此时的学术思想在中国传统文化发展史上最为灿烂。第二个时期，可以称为"政治与经济时期"。如上所述，当时可谓政治和社会发展最为理想和繁盛的时期。第三个时期是"文学与艺术时期"。这一时期的文学与艺术都侧重于现实人生，普遍较为发达。第四个时期是"科学与工业时期"。在这一时期，受世界发展大潮的影响，社会发展的核心要素是科学，这一时期的科学，作为中国传统文化的一部分，在理论方面，仍需以第一个时期的人生理想与信仰为基础观念；在科学实践方面，也会受到第二个时期政治和经济相关制度理论的指导。综上，我们可以看出，中国文化的发展之路，并未经历彻底的推翻与转换，而是在其传统文化基础之上的推扩和补充、进退与深沉。所以，从客观方面来讲，文化发展的进退与深沉源于文化各要素占比分配及侧重的不同。

钱穆先生认为，文化发展深沉与进退除文化要素占比分配不同的原因之外，还在于大群集体的文化精神和文化意识，这是文化发展进退与深沉规律的主观原因。"我说文化乃是一民族大群集体人生之一种精神共业。此一大群集体中多数人的文化意识淡薄，文化精神消失，则此一文化必然会下降与后退。"① 中国文化向来重视"人文"精神，"人文"精神的核心又集中于每个人的"人心"上，人心的信仰和价值取向可以决定和影响文化精神和文化特质，并且决定和影响文化发展的进退与深沉。"中国文化之主要根基，则安放建立在各别个人之内心。文化力量有结合，有分散。由各个人的扩展而结合成为大群的，是为文化之前进与上升。由大群的萎缩分散而成为个人的，是为文化之后退与下沉。光明变为黯淡，黯淡又变为光明；安定变为动乱，动乱又变为安定；前进之后有后退，后退之后又有前进；上升之后有下沉，下沉之后又会有上升；其机括则在'人之心'，更要乃在每一人之心。"②

　　了解到中国文化发展的基本过程，认识到文化发展深沉与进退的基本规律，可以帮助我们更加辩证、客观地理解文化的发展，以及在文化发展过程中产生的问题。所以，钱穆先生认为，当中国社会面临文化冲突、文化弱症等问题时，应积极从文化各要素的占比分配中去寻找影响文化发展的客观问题，以及文化主体主观的文化精神和文化意识方面的问题，积极调和，努力优化，切勿冲动否定和推翻，这有助于我们更好地促进中国文化的发展和进步，这对于我们当下传承和弘扬中华优秀传统文化，提供了理论参考。

三　中国文化的未来发展

　　不同学者对于文化发展的归宿问题具有不同的认识倾向。有些学者认为，文化发展至一定的阶段，必然会走向衰老，趋于死亡，由一新生文化取而代之。德国哲学家斯宾格勒在其著作《西方之没落》中，持"人类文化悲观论"，认为人类文化会如个人的生命一样，遵循生老灭死的自然规律。持这一论断的人往往受西方历史发展更迭频繁的影响，纵观西方文化传统，确实总有交替与更迭，所以也产生了"文化短命论"。文化短命论者

---

① 钱穆：《中华文化十二讲》，《钱宾四先生全集》（38），第 82 页。
② 钱穆：《中华文化十二讲》，《钱宾四先生全集》（38），第 84 页。

认为，文化发展至一定的阶段，会随着国家政权的更迭，由一国转向他国、由一地转向他地、由一民族转向他民族，更改文化的主体及原始形态，使得前代文化不复延续。在钱穆先生看来，这种"短命"，只存在于西方文化之中，究其原因，西方文化是斗争进取型的，其内部物质资源贫乏，他们总需要通过向外扩张和争夺获得物质财富和生产资料，有斗争就会提高牺牲和毁灭的概率，文化发展主体和形态总有更迭，核心和精神总有变化。

与西方文化发展趋势不同的是，中国文化绵延数千年，从黄帝、尧、舜、禹、周公、孔子至今，内容日益丰富，但其核心和精神千年未变。我们仍旧可以通过与千年以前文化遗产的"对话"，得知当下国人的思想倾向和价值观念的根源，获得生活智慧和人生真谛。

首先，从文化基础方面来看，中国文化有史以来，便是自给自足的文化。这种自给自足的文化模式决定了中国人可以自己创造和满足物质生产需要，不需要外求争取和斗争，中华民族和中国文化可以在这种自安自足中，安心稳定、绵延长久。

其次，从文化结构方面来看，中国文化三阶层之演进能够遵循特定的发展规律，由第一阶层的经济，发展至第二阶层的政治制度，再发展至第三阶层的精神思想层面，并最终由精神思想层面的核心道德统领政治和经济。文化七要素中，较为重视精神层面的宗教、道德、文学、艺术，以道德为核心，并且认可经济的基础地位，政治、科学的辅助地位。这些在钱穆先生看来，均为中国文化在文化结构方面的特点和优势，"中国传统文化，因其三阶层递升发展之合于正轨，因其七要素配搭之比较妥帖，因此其持续性最强最大"[1]。

最后，从文化特质和文化精神方面来看，中国文化的特质、中国文化精神的核心是道德精神。"中国民族经过千辛万苦，绵历四五千年的历史生命，直到现在，始终存在着，就是依靠这一种道德精神。"[2] 所以，钱穆先生将中国传统文化的崇德、重德特质和道德精神视为中国文化绵历持续数千年的核心和动力，也将其视为中国文化未来发展的关键所在。

基于钱穆先生对"文化衰亡"说法的否定，以及对中国传统文化历史

---

[1]　钱穆：《文化学大义》，《钱宾四先生全集》（37），第80页。
[2]　钱穆：《中国历史精神》，《钱宾四先生全集》（29），第159页。

持久绵延的肯定，可以知道，钱穆先生对中国文化的发展前景持乐观态度。如何实现中国文化的延续并使其永葆新生和活力呢？需要取其精华、去其糟粕，据旧开新。在钱穆先生看来，文化犹如生命，如人类通过呼吸和饮食维持和养护生命一般，呼吸空气、摄取食物，其中的一部分用于营养、维持、促进身体的内在需要，另一部分则需要人体过滤排泄，完成新陈代谢。两部分各自功能不同，但功劳各立，缺一不可。在文化的大生命中，其精华犹如人体必需的营养物质，其糟粕则更像是经过人体吸收、过滤、排泄出的废弃物质。人类生命有其自身内部循环发展的规律，文化生命也有其相似的法则。推动文化生命的发展和进步，需要人们认清文化中的精华和糟粕，及时吸收、汲取文化之精华，弃置、排除文化之糟粕。

文化于其历史传统中不断发展壮大、积累丰富，并在此基础上丰满羽翼，据旧开新。"旧"即国家民族的过往历史及文化传统，它不仅承载着国家民族发展的经历和路程，更积淀出国家民族发展的精神和特质；"开新"，即在国家民族旧有历史文化传统之精华的基础上，结合现有的先进文化观念和成果，将文化传统与文化先进成果有机结合起来，将传统与现代良好地衔接起来，指导人们的文化生活，延续文化的活力和远景。这是钱穆先生总结中国文化几千年来发展的特点，同时也是中国文化未来发展的路向。人们总希望自己的历史文化具有强劲的生命力，不懈地前进和发展。所以，推动文化的发展，是要在文化自身历史的基础上，通过对文化历史的研究和分析，找出其优点和病症，脱开文化本身的过往历史谈发展是不切实际的。因此，在钱穆先生看来，面对文化未来的发展，人们需要重视历史和教育。一个民族的历史就是一个国家的整体记忆，国家和民族的奋斗、前进和复兴，都需要在其历史当中汲取养料和经验。面对新时代的文化危机、文化挑战和文化复兴，需要"据旧开新"。

第三节　文化比较论

当今世界，最具代表性的有三种文化，分别是中国文化、印度文化和西方文化。有学者根据这三种文化最为显著的特征，将其分别概括为德性文化、神性文化和智性文化。通过这种观点，我们可以直观地看出西方文化与中国文化明显的不同，要想更好地了解和认识中国文化，我们需要对中国文化与西方文化加以对比研究，钱穆先生在中西文化对比方面颇有独到的见解。

一 中西文化的两种类型

钱穆先生认为中西文化分属两种类型。"各地文化精神之不同，穷其根源，最先还是由于自然环境有分别，而影响其生活方式。再由生活方式影响到文化精神。"① 也就是说，自然环境是社会存在必要的条件，会影响人们的生活方式，进而又由人们的生活方式决定了文化类型。

1. 中国文化产生发展的基础

自然地理环境作为人类社会存在和发展永恒的、必要的条件，能够为人们的生产和生活提供自然基础。在相应生产和生活方式的基础上，形成了相应的文化。我们可以从中国文化的地理环境背景看出中国文化产生和发展的特殊性。很多人将黄河视为中国文化产生的源头，在钱穆先生看来，中国文化的发源，从更为准确的角度来讲，应该是黄河支流的交汇地带，这些地方支流交汇、两水环抱，在中国古代被称为"汭"。中国文化发源于这里并仰赖黄河、长江、汉水、淮水、济水、渭水、泾水、汾水等水系。

可见，这些地方之所以孕育出文化并滋养其发展，首先是因为其丰富的水资源适于农业的灌溉和生长，这是人们基本物质生活的条件之一；其次由于其上游地带有高山崇岭环抱，具有保卫人们安全生产生活的天然条件，所以当地容易自成小区域，人口聚集，这是人们基本物质生活的条件之二；最后在今山西省河津、临晋等地的黄河渡口，成为当时各区域往来交流的要塞，这类地区便于文化的交通互往。

在钱穆先生看来，中国传统文化的产生最早可追溯到东、西两大文化系统。东部文化系统主要为中国古代殷商文化。中国最早的商族，在今河南省归德附近，那里并不是黄河之水流经的地方，但有很多湖泽，如孟诸泽、蒙泽等，也有许多水流，如濊水（涣水）、睢水等。除此之外，商族部落还面及河南中部、山东西部等地，那里有荥泽、圃田泽、菏泽、大野等泽，商部族的文化大致在那里孕育生产。殷墟文化发源于今河南安阳。两部族文化交汇融凝成中国古代东部的殷墟文化。西部文化系统是由虞、夏、

---

① 钱穆：《中国文化史导论》，《钱宾四先生全集》（29），弁言第4页。

周三部族所接触融凝而成的虞夏周三氏文化。历史记载，汾水流域的虞部族文化与从洛水流域往北渡过黄河的夏部族文化交往密切，之后定居于渭河下游的周部族也常与位于黄河东岸汾水流域的居民交互往来，进而三部族融凝成一体，形成中国古代西部的虞夏周三氏文化。中国古代，东西两大系统的文化也时常相互接触和往来，久而久之，融凝合一。

在钱穆先生看来，受地理环境影响的还包括中国文化发展的气候因素。中国文化的发源地处北纬35度左右，属于北温带大陆性气候，较之于世界上如埃及、印度、古巴比伦气候劣势明显，因此，中国人需在有限的物产资源条件下，依赖自身的勤奋耐劳创造文化、延续文化。除此之外，中国文化发源地处黄河流域的寒冷地带，四季分明，春种、夏耘、秋收、冬藏，这一规律使得人们在务农闲暇之时有时间思考，文化随即产生。

综上，可以见得中国传统文化的产生受地理环境影响。即中国文化产生的地域广博浩大，发源地水系、支流众多，并且复杂。黄河、长江、汉水、淮水、辽河、渭水、泾水、汾水等水系具有得天独厚的农耕灌溉条件，孕育发展出中国古代的农业文化。各小区域的文化凭借水系运输进行互往交通、文化交流。凭借水系众多复杂的自然条件，中国文化从一开始就融凝壮大，形成大文化局面。这一大文化局面，容易使中国人"养成并促进其对于政治、社会凡属人事方面的种种团结与处理之方法与才能"①，促使中国迅速完成内部的统一而成为一个大国家，并能抵御外来国家和文化的侵入。值得注意的是，中国文化发源地水系众多，易于农耕灌溉，但受气候因素的影响，自然物产匮乏。由于中国文化的发源地并未达到理想的土地肥沃、物产丰富之境，人们在这一较为贫瘠的地方更能生发和保持一种勤劳朴素的美德，正是这种精神，促使中国文化不至于衰败腐化，而更能历久弥新、焕发出强劲的生命力。

由中国文化之地理环境背景引申出中国文化产生与发展的政治环境。钱穆先生认为："自唐、虞时代诸部族互推共主，进至夏、商王朝的长期世袭，再进之于周代之封建制度，从政治形态的进展上看，可说是古代中国国家民族逐步融合与逐步统一下之前半期的三阶段。中国经此三阶段，已

---

① 钱穆：《中国文化史导论》，《钱宾四先生全集》（29），第7页。

经明白确立了一个国家民族和文化之单一体的基础。"① 此后，中国传统文化大致发展至西周、春秋战国时期，与欧洲文化产生的远祖希腊时期相对应。当时的中国有很多国家，每个国家都有自己的核心城市，但究其源头均是从西周王室分封而来，或被西周王室所认可。"因此西周时代的中国，理论上已是一个统一国家，不过只是一种'封建式'的统一，而非后代'郡县式'的统一而已。"② 基于此种历史判断，我们可以认为，中国文化由西周、春秋战国发展至秦、汉时代，其政治统治的更新换代仍然是在"中国"这一大的国家内部进行和完成的，由"封建式的统一"转化为"郡县式的统一"。这种改变并未打破前代固有的政治形态、文化信仰和社会生活，而是在固有文化基础之上的更新和优化，是前代文化的传承和继续。此后中国历史的改朝换代，都遵于此种模式，即文化的更新与优化，也都基于"中国"这个民族与国家的背景。从民族角度来讲，是以汉民族为主；从国家角度而言，都以中国一以贯之；从文化信仰而言，以孔子儒家传统思想为主。

　　2. 西方文化产生发展之基础

在人类文化发展进程中，四大文明古国为古埃及、古印度、古巴比伦和中国。著名哲学家黑格尔在其《历史哲学》中将四大文明古国的发源地归纳为被大河灌溉的平原地区。这些地区均毗邻河流，适于发展农业灌溉，利于附近居民聚集生活在一起，河流周围的山川屏障，可以抵御外敌的侵扰，保障人们的安居乐业。但由于这些河流较之中国的长江、黄河流域规模较小，加之其地形较简单，所以古埃及、古印度和古巴比伦的规模较古代中国略小。这一点决定了中西文化产生的根源的不同，即文化产生之基础的地理环境及规模的极大不同。

如果按照人类文化已取得的成绩而论，能够与东方中国文化相提并论的，只有西方欧洲文化。欧洲文化起源于古希腊，位于欧洲南部的地中海地区。与文明古国发源地地形特点的不同之处在于，古希腊文明发源于滨海沿岸，受特殊的海洋地理环境孕育和滋养。这种相对而言较为开放的地理环境，为古希腊罗马文化的产生和发展提供了丰富的物质资料，并塑造

---

① 钱穆：《中国文化史导论》，《钱宾四先生全集》（29），第 35 页。
② 钱穆：《中国文化史导论》，《钱宾四先生全集》（29），第 9 页。

了古希腊人民外倾型勇于开拓冒险的性格。在古希腊文化的鼎盛时期，相当于中国古代西周、春秋战国时期。古希腊时期，希腊古国的诸多邦城虽然有相同的古希腊文化，却没有一个共同的政治组织。直到罗马时代，疆域不断向外扩展，发展成为伟大的帝国。欧洲原始文化由希腊时代发展到罗马时代，随之变化的有其政治形态，文化主体也由希腊人变成罗马人，罗马帝国被北方蛮族这一新的征服者覆灭后，又开始了新一轮的政治形态与文化主体的转变。政治形态上由罗马帝国形态转变为封建国家，文化主体也由南方的罗马人变为北方的日耳曼人。由此，可以见得，在西方文化发展过程中，随着西方政治形势的变化，其地域疆土、文化主体也产生变化，这决定了其文化传统具有多样和丰富的特性。

3. 中西内倾型和外倾型文化

文化即人类之生活，钱穆先生根据人类历史所处的地域与时期的不同，通过"文化决定"理论，认识文化的相异之处。人类文化精神的不同首先由所处地理环境、气候因素的不同，进而产生不同的生活习俗和习惯，影响人们的生活方式，再由不同的生活方式演变而来。世界范围内的人类文化从其源头上划分可分为三类：游牧商业文化、滨海草原文化和农耕文化（农业文化）。钱穆先生认为，三种文化最显著的特征在于，西方文化主要属于前两种类型，中国文化主要属于农耕文化。农耕文化的特点是自给自足，游牧商业文化和滨海草原文化的特点都是需要向外依存，因此这三种文化类型可以进一步合并为农业文化和游牧商业文化两种类型。"让我把游牧商业一类型的文化称作甲方，农业类型的文化称作乙方。则甲方起于内不足，故常外倾；乙方起于内在自足，故常内倾。甲方常是趋向'富强性'的文化；而乙方则是趋向于'安足性'的文化。但亦各有缺点。甲方是'富而不足，强而不安'；乙方则'足而不富，安而不强'。"①

根据自给自足和向外依存这两种生活方式，可以进一步知道农业民族总是安定的、保守的，农业文化是向内自足的，所以是"内倾型"的，正如《大学》中讲到的，"知止而后有定，定而后能静，静而后能安，安而后能虑，虑而后能得"，这里的止、定、静、安、虑恰能代表中国人内倾型的心理状态和文化性格，尚静尚和是中国文化永恒的主题；而游牧商业民族

———————

① 钱穆：《文化学大义》，《钱宾四先生全集》（37），第34页。

总是流动的、进取的，游牧商业文化是内不足的，所以是"外倾型"的，对外斗争是其一贯的风格。由文化的两种不同的类型，将其与文化第一阶层的经济人生一起结合分析，便能够得出文化的两种类型，这两种类型各有侧重，一种更加注重政治，另一种更加注重科学。政治偏向内倾，关注人的世界较多；科学偏向外倾，关注物的世界较多。

根据钱穆先生的理解，我们可以根据中西内倾型、外倾型两种不同的文化类型，从文化主体之外在行为倾向和内在心理倾向方面，具体对比二者的不同。

从外在行为倾向上讲，由于游牧商业民族需要向外进取来满足自己的生存需求，所以其征服拓展外界，都需要借助工具，驱使异己、克服异己、奴役自然、克服自然，展现出一种天人对立的宇宙自然观念。农业民族由于其日常需求可以通过自给自足的农耕生活满足，依靠自己的勤劳从事农业活动之后，静待农作物自然生长规律的发展，最终偿以上天恩赐之生活物质资料，所以农业民族的宇宙观是天人交合、天人合一的，强调与自然的和谐相处以及对待自然的敬畏之感。钱穆先生认为，游牧商业民族的文化主要是一种"富强型"的文化，农业民族的文化类型为"安足型"。前者"富而不足、强而不安"，后者"足而不富、安而不强"。因此，游牧商业民族似乎总是追求领土上的无限延伸，这样才能保障其日常需求并满足其对物质需求的欲望；农业民族似乎更加注重其历史传统的永续绵延，期求子孙万代。

从内在心理倾向上讲，游牧商业民族受宗教思想的影响，多主张"性恶"论，所以人与人之间常抱有一种敌对之感，需要凭借机智与人相处。所以西方人在互相交往中，总是持互相不信任的态度，所以会有"个人主义"，用契约、法律等来保障人们的良性互动。农业民族主张"性善"论，认为人之为人生性向善，人与人之间交往多表现出友情、友爱、真诚的一面，以仁慈为相处之道。按照孟子的主张，中国人总认为人性本善，人与人之间交往时互相信任，所以产生和形成了"大群主义"。

由钱穆先生的两种文化类型理论，我们首先可以明确中西两种文化类型产生差异的渊源：中西所处的地理环境的差异导致了人们生活方式的差异，人们的生产生活方式是社会存在和发展的基础及决定性力量，受其影响中国文化发展为典型的大陆农耕文化，而西方文化发展为滨海商业文化。

其次，可以明确中西两种文化类型的特点和具体表现。中西文化两种类型的对比可以帮助我们更加清楚地认识中国文化及其特征。

二　中西文化的要素差异

如前文所述，钱穆先生的"文化结构论"从抽象层面来讲，可以分为三个阶层，从具体方面来理解，文化是由经济、政治、宗教、科学、文学、艺术、道德七个要素所构成的。接下来，将从文化具体要素层面，探讨中西文化差异。

1. 中西文化的经济要素差异：农业经济与商业经济

在钱穆先生看来，中西文化经济要素最大的不同在于中国属于农业经济，西方属于商业经济。中西经济类型的不同直接导致中西双方的经济观念、经济制度和社会结构的不同。

西方经济观源于其本身"内不足"的自然资源条件，由于其自身自然资源条件的限制，必将对其生产力产生极大的制约，西方经济主张向外扩张和掠夺，以获得或换取更多的资源，创造更多的财富。但这种向外扩张、掠夺的方式，不仅给西方带来物质收获，也带来了其社会发展的不稳定因素。中国经济观以农业经济为基础，源于自给自足的小农经济模式，这种模式造就了中国人安足静定的性格特点，在经济方面不太奢求极度的富足，安土重迁、不求外取。从中西经济观念的差异可以看出，中国人经济观念相对淡薄，一般而言，中国人大多只希望通过经济使自己的生活更加安定；西方人相对而言更加重视经济，希望通过经济达到富强的目的。所以中国经济的特点是"足而不富、安而不强"，西方经济的特点是"富而不足、强而不安"。

自然是人类经济发展的基础性要素，经济发展不得不面临人与自然的关系问题。对比中西方在社会经济发展中的自然观，可以发现二者的迥异。中国主张顺应自然、天人合一的人与自然关系。如前所述，中国的经济特点是自给自足、安足静定的农耕经济类型，世代中国人过着"面朝黄土背朝天"的以农耕为主的生活，人们必须因循四季气候的变化耕耘与收获，这样才能使生命的延续有物质保证。但若遇到气候灾害或地质灾难，"靠天吃饭"的老百姓只能束手无策。所以在中国人的信仰中，对"天"之自然总有一种敬畏感，由于人们的生产方式单一，只能相信"天"，顺应"天"，把自己和天看作统一的整体，天与人合一，经济生产顺应自然的变化规律，在经济成果方面只求风调雨顺、五谷丰登。中国的人与自然的关系总是与农耕经济密不可分。西方的经济类型是商业经济，商业经济以追求物质利益最大化为终极目标，其主要的经济方式是向外征服和掠夺，自然也成为他们征服和掠夺的对象，表现出自然与人"天人对立"的关系。"这种役使自然的制天、驭天观念也必然推动西方人对权力的崇拜和对外在物质利益的追求，形成追求物质利益的功利主义价值观和以个人主义为中心的人生信条。"[①] 所以中西经济类型、经济特点以及经济与自然关系的不同，导致中西经济方面引申出来的义利观、人生观、消费观等方面不同。

2. 中西文化的政治要素差异：德治与法治

钱穆先生认为，政治在中国文化传统中占有重要的地位，中国政治的一大特色即政学相通，也可以叫作"学而优则仕，仕而优则学"，历朝历代也总以科考等方式选拔人才做官，凡是学人多有为仕为官的抱负，凡是仕者也多能兼于学甚至长于学。中国的仕者常循"道"而治，这个"道"需遵循"仁"和"礼"，所以中国政治偏重于大群集体的利益，偏重道义。西方则主张政学相分，他们的政治大多尚术不尚学，偏重于每个个人的实际利益、物质所得，往往心为物役，偏重功利主义和个人主义。中西政治还有一种明显的不同在于，在社会治理方面，中国更加仰赖礼治，西方更加注重法治。在中国，"礼"源自"己心"之性命，始于家庭中男女长幼之间的伦理。"中国人认为人生，外面是物质，即自然，即天。内部是道德，即心，即人文。个人人生最属自然，但个人必融入大群中，乃得为真人生，即道德人生。其重要关键，则在其有'家庭'。"[②] 中国人大群人生的观念当中必然会有"家"这一重要因素，基于此，进而有国，然后有天下。反过来，天下的中心在国，国的中心在家，家的中心在每个个人之身，每个个人之身的中心在道德。所以中国政治多谈以德治国、为政以德、以德服人等，注重个人德性的实践以及谨守伦理之礼。反观西方社会，"西方的法治源远流长，古希腊罗马以来未曾中断，是由于它在很大程度上来自于社会基层，是自下而上、自发形成的事物。法治，从某种意义上说，反映了的

---

① 陈勇：《钱穆传》，人民出版社，2001，第321页。
② 钱穆：《文化学大义》，《钱宾四先生全集》(37)，第174页。

正是西方人对于社会秩序的基本认识"①。

3. 中西文化的宗教要素差异

中国传统文化体系不自生宗教,没有产生像西方的基督教与印度的佛教这样的宗教,但中国传统文化体系当中有深厚的宗教精神和宗教情感。钱穆先生认为,宗教的重点在一个"信"字,西方宗教所信奉的对象在信众之外,信仰主体与客体相互分别,基督教所信的对象即为上帝,上帝保佑庇护那些遵守教义教规的信众免受灾祸甚至享受功利,并对违反教义的信众"施以"惩罚。这种宗教信仰属于功利的宗教信仰。从宗教角度而言,中西方最大的差异表现在:"西方宗教乃分'天'与'人'为二。世界必有末日,科学乃求以反天,人凭其知识技能来利用天,征服天。中国人之道德艺术则'通天人,合内外',而自人性、人情、人心为出发点。"② 也就是说,中国人常将所信奉的对象和自身合而为一,即其信奉的对象实为"自己""己身",重点是重"自信其心",在面对人生之时,寄希望于一己之心、一己之德性,也在一己之心的道义。这种信仰,可以被称作对道义的"宗教信仰",或是对德性的"宗教信仰"。所以,中国人常提"尽性知命知天",即将"己心""己性""己命"与"天"紧密地结合在一起,"己心"便是人们下通人性、上达天命的核心,如果二者脱离,则无天可言,所以从宗教角度来说,对于中国人最为重要的,在于"己之教",也可称作"心教""人道教"。正如钱穆先生所说:"'尊圣'即可谓乃中国之宗教。"③ 中国人在人心人生方面,所追求的最高境界和最终信仰则为成圣成贤。所以,如果说中国也有宗教,我们可以勉强认为这种宗教便是以孔子思想为中心的儒学信仰,这种仁道之教,被广泛运用于民众,重视民众各自己心之奉行,教民众内修己身己心,以外展善良德行。

中国人类似于宗教信仰的表现还在于对"礼"的崇敬和遵从,中国之"礼",虽然于上下尊卑之间有分有别,却能让从者"于分别中见'和合',于上下间见'平等'"④。中国的"礼"主要表现在人与人相处之中,父子、兄弟、夫妇、朋友、君臣、师生等相处,都需要从其内心出发遵循特

---

① 方朝晖:《"三纲"与秩序重建》,中央编译出版社,2014,第288页。
② 钱穆:《现代中国学术论衡》,《钱宾四先生全集》(25),第23页。
③ 钱穆:《现代中国学术论衡》,《钱宾四先生全集》(25),第2页。
④ 钱穆:《现代中国学术论衡》,《钱宾四先生全集》(25),第13页。

定的"礼",此也可以被称为心教。孔子也常言"礼",所以钱穆先生认为,儒家之学、孔子之教可以称为礼教。由此看来,中国的政治就是一种礼治;中国的法律就是一种礼法;中国的文学艺术,也都将礼渗透其中,这在中国历史上是一种"礼乐之教",这种社会治理手段被广泛运用于社会政治领域,成为当时统治者维护社会秩序、保障政治统治的工具。

所以,中西方文化表现在宗教方面的具体差异为,西方的宗教是人们所认可的传统意义上的宗教,主张"人心二元"的人生观和价值观,将人生希望寄托于神秘的上帝;中国不原始产生宗教,只是将人生希望寄托于己身的德性与德行,只是从对道德的信仰和践行方面体现宗教特性。"中国是以道德精神来洗炼了宗教信仰,并非由宗教信仰来建立道德根据。"① 例如佛教自印度传入中国之后,逐步走上中国化的道路,逐步接受传统中国道德精神的影响和改变。

4. 中西文化的科学要素差异:人文的与物质的

中西科学有不同,钱穆先生认为:"中国科学乃人文的,生命的,有机的,活而软。西方科学乃物质的,机械的,无机的,死而硬。"尽管在中国古代有墨子提出要注重科学技术,荀子提倡"察理辨类之精神",但中国文化对于科学的探究及摸索不及西方发达,中国始终缺乏观察、明辨、实证的科学精神。所以,"在中国,乃由人文发展出科学。在西方,则由科学演出为人文。本末源流,先后轻重之间,有其不大同"②。即在中国,由人文发展演变出科学,以人文为主,强调二者之间的融合协调、和谐共生。在西方则相反,由科学发展演变出人文,以科学为主,更倾向于利用科学"反自然"。所以二者渊源、本末及侧重各有不同。所谓自然与人文这两个名词和概念是中国所固有的。中国传统重人文,重人文精神,人文精神渗透于人们衣食住行用的方方面面。"人文"出自《周易》:"观乎人文,以化成天下。"(《周易》)"文"字有纹理、花样的意思,所以人文就象征着人生的花样,中国传统之五伦、礼乐等都属其范围,其与自然有别,又与自然紧密相连。西方人更重自然,并且注重自然之物与物之间的相异特性,分别探究其真理,所以长于科技、天文、地质、物理、化学、生物等学科,

① 钱穆:《文化学大义》,《钱宾四先生全集》(37),第84页。
② 钱穆:《现代中国学术论衡》,《钱宾四先生全集》(25),第49页。

并将这些学科成果为己所用，服务于人类，他们创造出大量推动人类科技发展、物质进步的文明成果。不过钱穆先生也提出比较新颖的论断，认为西方对自然的认识和对科技的运用，从反面来讲，也表现出反自然的倾向。中国传统古语说道："正德、利用、厚生、惟和。"（《尚书·大禹谟》）正德即"正民之德"，也为"正物之德"，强调人们在处理与自然的关系的时候，能够顺应自然之物的特性和变化；利用即强调"利民之用"，即在顺应物性之自然的基础上，将物为民所用；厚生即"厚民之生"，使民众的生活富裕幸福；惟和即"社会和谐"。这正表达了中国传统将人文与自然科学紧密联系的路向。"果在人文学上能先正其德，则一切自然科学自不失其为利用而厚生。"① 所以，科技的产生和发展代表了人类认识的进步和社会文明的提升，大大提高了人们的生活水平，但人们在享受科技发展带来的积极影响的同时，遵循中国传统自然古训，正人德、正物德，使得科技的发展更加可持续，更好地厚民、厚生，这是中西传统文化考虑问题的不同之处，也是社会发展的重要议题。"科学技术是一把双刃剑"，我们确实需要不断加强对自然的认识，也需要规范对科技成果的合理利用，让科学技术能够更大程度造福人类，推动人类的未来发展。

三　中西文化精神差异

在钱穆先生的中西文化比较思想之中，从文化学理论的高度对中西文化做出对比，以人文主义文化学、文化要素、文化研究方法为背景，最终上升到中西文化精神差异的层面。准确、精辟地概括总结出中西文化差异的核心，这为我们更加清楚地认识中国文化具有重要的意义。梁漱溟先生认为，文化，"居中心而为之主的，是其一种人生态度，是其所有之价值判断。——此即是说，主要还在其人生何所取舍，何所好恶，何是何非，何去何从。这里定了，其他一切莫不随之。不同的文化，要在这里辨其不同"②。也就是说，梁漱溟先生认为中西文化的核心差异在于人们对人生取舍、好恶、是非的一种价值判断，是人们对人、事、物的价值观的不同，

① 钱穆：《现代中国学术论衡》，《钱宾四先生全集》（25），第 75 页。
② 郑大华、任菁编《孔子学说的重光——梁漱溟新儒学论著辑要》，中国广播电视出版社，1995，第 296 页。

这就是中西文化精神最切重的差异所在。钱穆先生持有类似的观点，将文化精神归结为人生价值取向，并将中西文化精神差异具体概括为："中国文化看重如何'做人'；西方文化看重如何'成物'。因此中国文化更重在'践行人道'；而西方文化则更重在'追寻物理'。"①

中西文化精神，受中西双方具体地理环境、生态环境、气候环境、物产资源等条件影响，由中西双方不同的生活方式引申、总结，最终成为中西文化差异的核心，进而指导、制约人们的现实生活价值取向和生活方式。二者的差异直接导致中西文化政治、经济、宗教、哲学、科学、艺术等要素之不同。

具体而言，中西文化差异的根源在于二者分属于农业和商业两种文化类型、内倾型和外倾型两种文化模式、中和型和偏反型两种文化心理。在这里，钱穆先生将中国的农业文化判定为内倾型文化，将西方的游牧商业文化判定为外倾型文化。何谓内倾型文化？内倾型文化：第一，对外部世界总抱有自足心理，所以对外讲求协调、融合、宽容；第二，总将人生希望寄托于自安自足之心，难免缺乏斗争进取精神；第三，理论上偏向圆满，但从实践层面来讲，是一种较容易陷于软弱、功力不强的文化。何谓外倾型文化？外倾型文化相对于内倾型文化来理解，第一，对外部世界的态度总是敌对的、征服的；第二，文化精神体现为向外征服、斗争，但这种征服欲望往往没有限度；第三，在人与自然关系方面，体现为天人对立。由中西文化分别体现的内倾型和外倾型特质，可以得出中国文化精神注重形而上者之"道"，西方文化精神注重形而下者之"器"，西方人更加注重物质的实在、实体等功能与价值，而中国文化往往更乐于发掘隐藏在实际物质本体之上的精神、价值、意义。具体而言，中国农业文化以农业生产为主，人们世代定居，耕田劳作，自给自足，人我合一，天人合一，趋向于安定、满足、协调，逐渐形成了安定保守的性格，只求文化自身在时间上能够绵延长久。西方游牧商业文化常常变动不居，内己不足，需要外求，人我对立，天人对立，趋向于富强、进取、斗争，所以形成了变动进取的性格，常求文化自身在空间上能够扩充伸展，在物质上能完满富足。在此文化背景之下，中国社会比较注重伦理道德发展，而西方社会更倾向于物质实际层面的需求满足，也就是上文所提到过的，中国文化重"践行人

---

① 钱穆：《中国文化精神》，《钱宾四先生全集》（38），第22页。

道"，西方文化重"追寻物理"。据此我们可以判断，中国文化更加注重"成己"，西方文化更加注重"成物"。

钱穆先生认为："外倾文化，只是中国易经上所谓'开物成务'的文化。在我们东方人看来，这种文化，偏重在物质功利，不脱自然性。中国文化之内倾，主要在从理想上创造人、完成人，要使人生符于理想，有意义、有价值、有道。这样的人则必然要具有一'人格'。中国人谓之'德性'。中国传统文化最著重这些有理想与德性的人。"①

所以内倾型的文化特质使得人们常表现出"尽己之性"的心理，也就是注重内求于己，以求符合人道，做到"尽己之性"，才能人人"尽人之性"，进而扩充至天下以求"尽物之性"，这是一种人们对于内在心性修养的追求，是人们为求真正成就自己的内在价值取向。中国文化的内倾精神还决定了中国人不会积极地对外在世界寻求系统的认识和了解，也就是说，中国人更加注重反求诸己。内倾文化注重人文领域内的事情，外倾文化注重人文领域以外或以上的问题，人文领域以外是自然，人文领域以上是宗教，所以西方文化在对外在物理追寻的基础上，更重视宗教和科学。

因此，根据钱穆先生的思想，中西文化差异，将中国文化精神指向人们的现实人生，现实人生的道德和伦理，可见伦理道德之于中国文化的重要地位、发挥的重要作用，注重文化当中的道德艺术精神，追求人生的道德境界和艺术境界。道德精神是中国文化的精神特质，更是中国文化能绵延数千年不败不变的根源所在。反观西方，西方文化更加偏向于探索人之外的自然物质世界，再将对外界自然物质的了解和认识用于衡量人生的意义与价值，将人生寄托于物质经济、寄托于外在于人的缥缈世界，注重科学与宗教精神。唐君毅先生在其文章《人文精神之重建》中，同钱穆先生持一致的观点，认为西方文化以科学和宗教为中心，文化受到科学和宗教的支配；中国文化以艺术与道德为中心，文化受到艺术和道德精神的支配。② 所以，中西文化表现于其核心层面的文化精神的差异是中国更重"践行人道"的道德精神，西方更重"追寻物理"的科学精神，这种精神的差异决定了中国文化追寻艺术人生与西方文化追寻宗教人生的不同。

---

① 钱穆：《中国历史精神》，《钱宾四先生全集》（29），第168页。
② 唐君毅：《人文精神之重建》，《唐君毅全集》（第十卷），九州出版社，2016。

第二章　以崇德向善为本的道德观

钱穆先生在对文化学相关理论的论述中，认为中国文化的最高领导为"道德精神"，道德精神不仅是中国文化的核心，更领导和影响文化七要素中的其他部分。在中国，道德精神落实到政治，这种政治就会是一种道德性的政治，德治政治成为中国独具特色的政治表现形式和手段。再由这种道德性的政治控制经济，经济也成为道德性的经济。除此之外，在中国，艺术、文学、宗教等文化要素都具有道德精神、道德色彩。中国文化以道德精神为最高领导，可见"中国文化乃'人文本位'者，此即指其'内倾'。即就人文本位来寻求建立人文本位中之一切理论与根据"①。钱穆先生在其文化理论当中尤其重视道德的地位和作用，我们也可从其关于道德的论述当中窥见其独到的见解。综观钱穆先生的道德相关思想，以儒家学说为根本立场，彰显其儒者身份以及儒学信仰。

第一节　道德基础论

一　道德的基点及延伸

中国传统社会道德"寄托在各个人之身与心，乃以个人为中心出发点，因此推去，到人皆可以为尧舜，到各自修而家齐国治天下平"②。"修身、齐家、治国、平天下"是中国传统儒家文化具有代表性的道德培养和实现路径。冯友兰认为，中国传统伦理以个体之修身为核心，"它是以个人为中心，向内延伸到他的主观世界，向外延伸到他的客观世界。这就是以修身

---

① 钱穆：《文化学大义》，《钱宾四先生全集》（37），第85页。
② 钱穆：《中国历史精神》，《钱宾四先生全集》（29），第159页。

为中心，向内延伸到正心、诚意、致知，向外延伸到齐家、治国、平天下"①。这一路径表明道德之于中国人的重要性，即个体的品德培养、人生价值需要道德，家庭、国家的伦理秩序、和谐安定更需要道德。作为社会主体的每个个人心性道德的彰显和实践，道德可以扩展为维护家国伦理秩序的家族道德、社会道德，家族道德、社会道德建基于每个社会成员个体心性道德的培养和践行。

所以，在钱穆先生看来，道德首先存在于个体心性，表现为个体心性道德，进而由"己"推扩发展成为家族道德，再扩展为社会道德，使得人人具有人道观念，人人有德。

1. 道德的基点——个体道德

一般意义上，我们可以将个体道德理解为人们为满足自我完善、自我实现所具备的道德素质及行为准则。②中国传统道德首先注重的是从人之本性出发，自然流露的个体道德，这与中国文化精神是相同的，所以钱穆先生认为："中国文化主要精神是以个人为中心的。这亦不是西方人所说的'个人主义'。在世界，在每一社会里，会有一中心。从中国文化精神来讲，此中心便是'我'。"③在中国文化中，首先重视每个个体，每个个体是社会的中心、文化的中心。因此，钱穆先生说："中国人讲道德，不以个人抹杀了社会；但亦不以社会抹杀了个人。尤其讲道德，更该从个人起。道德就表现在每个人的身上和心上。"④

道德更加重要的作用并非在于外在他律，而是个体内心自律，是一种个体内在的自觉和自律，是一种不需要依赖外部环境、外部条件，对自己的内心负责的性情，亦即"我"之德性的彰显和散发，无论是家族道德还是社会道德首先都离不开每个个体之"我"的心性道德修养。

中国文化心性道德源于儒家学说的心性思想。"心"即指人心，凸显中国传统儒家文化以人为本的价值取向。钱穆先生认为，作为道德基本单位的人心，其内核就是"仁"，"仁"是人的本质属性，是孔子所说的人心之同然、孟子所说的人之原始本心。唐君毅先生也持同样的观点，认为人的

① 冯友兰：《冯友兰文集》（第10卷），长春出版社，2017，第92页。
② 唐凯麟：《论个体道德》，《哲学研究》1992年第4期。
③ 钱穆：《历史与文化论丛》，《钱宾四先生全集》（42），第53页。
④ 钱穆：《民族与文化》，《钱宾四先生全集》（37），第179页。

"仁心"和"人性"即为道德的内在根源所在。"性"即指人的自然本性，凸显了中国传统道德理论以人性为基础的传统，这里的"人性"以孟子的"人性善"理论为要。"心之本体即是性"（《传习录》），性是心之本，心之基，我们可以将个体心性道德理解为个体在"人性善"的基础上对己心之德性的修养。

儒家的心性道德主要注重的是个体德性的修养以及道德的价值。从某种程度上讲，中国传统文化注重个体心性道德也可被看作一种"个人主义"，但这里所讲的个人主义并非西方所讲的个人主义。西方所讲的个人主义，作为一种伦理原则，其主要强调个人需要与个人利益。西方偏重物质实体，所以西方人所讲的个人主义，以性恶为人性基础，其个人主义中的"人"，实际上更多是指其身体，并非指其内心，身所代表的是物质实体方面，所以西方的个人主义所讲的"需要"和"利益"更多是从功利主义的角度进行理解，指物质经济利益。照此看来，人身属于物质实体层面，所以人与人的相处好比物与物的相处，颇具工具意味，从而缺少人情意味，只有依靠契约、法制来维护、约束人们的正常交往秩序。中国人偏重个体的精神层面，所以其所谓个人，多以个人内在之"心性"为根本。所以，在个体德性和修养的前提之下，中国人的"需要"和"利益"更多地表达为精神层面，注重每个个体的心性之至善与安放，所以在中国，个人或家庭会更加重孝、重慈，重亲子之道，重夫妇之道。这些德性和伦理的实践，可以令人们感受到内心的安与乐。正如钱穆先生所言："故中国人之个人主义，必知'彼''我'同是一人，盈天下大群，亦同是一人。人与人相处，必互有其道。故中国之个人主义，即'平天下'之道，贵在己之能尽其'心'。傥能人各尽其心，即尽达此标准，则天下大同而达于太平之境矣。"①

所以，按照钱穆先生的理解，中国文化之个人主义与西方所指个人主义不同，钱穆先生所讲的中国文化之个人主义，其实质为大群主义，也就是从个人自身出发，做好自己，内含、彰显善良意志和美好德性，就会使社会大群太平和气，只有社会大群太平及和气，才能保障和巩固社会个体的静定与安足。

从主观与客观的角度而言，西方的个人主义多是为了个人自身谋取福

_____

① 钱穆：《文化学大义》，《钱宾四先生全集》（37），第189页。

利或权力等，他们的对象在人之外，总是一些物质实体，人与人之间的关系是手段与工具的关系，缺乏道义，所以西方的个人主义是偏客观的，其行使和达成，需要依靠外在约束或强制力量。中国的个人主义，宗旨在于尽己之天性——善，践行美好的道德品质，能做到仁、义、礼、智、信，能做到温、良、恭、俭、让，能守己之孝、忠、恕、勇，尽到自己对家、国、天下的责任，能做到对父母之孝、对兄弟之悌、对国家之忠、对他人之仁。其对象也在人之外，但主要还是依靠个人的自觉、个人的道德实践，所以中国的个人主义是偏主观的，不是靠外在的契约、立法强加于人的，而是靠道德主体自觉的心性，以求达到个人心中合理、适度的良心之善所在。

所以，在钱穆先生看来，个体心性道德作为道德的基础和原初形态，每个个体的心性道德修养是更大范围之家、国、天下道德的基础，个体心性道德"其唯一最要特征，可谓是自求其人一己内心之所安"[1]，每个个体通过心性道德修养而达成的心之所安，成为家庭、社会安定的基础。

2. 道德的发展——家族道德

在中国传统社会，个人除却作为独立个体，所进入的第一个群体性组织就是家庭，面临的人际交往首先是与家庭成员之间的交往。再加上中国传统的大家族式小农经济生产模式、家族分封和权益的世袭、安土重迁的生活样态，使得家庭成为传统中国社会的首要组织形式，家庭及家族道德观念深重。"有男女然后有夫妇，有夫妇然后有父子，有父子然后有君臣，有君臣然后有上下，有上下，然后礼义有所措。"（《周易·序卦》）由家庭开始就产生了人与人之间的交往，也产生了人与人之间交往最为基本的人际关系，由此，家庭关系所产生的父子、夫妇、兄弟关系成为家族情感的来源和纽带。中国人的家族道德源于家族观念和家族情感，家族道德和家族情感是维系家族生命的核心，所以中国古代传统人际伦理首先以血缘为纽带、以家族道德为基础。中国传统伦理之五伦约束人们的日常行为，对人们不仅具有外在的实践价值，更具有内在的德育价值。五伦约束规范人们的行为和交往，一方面在于指导和教育人们在与人相处之中必须知晓和遵守的道德规范，使得人们在各自的社会角色中做到各尽己道、各负己责；另一方面在于培养人们内在的道德心性，尽性成德，所以，家族道德是连

---

[1]　钱穆：《中国学术思想史论丛》（一），《钱宾四先生全集》（18），第 271 页。

接个体道德和社会道德的核心。正如唐君毅先生所认为的，中国人的家庭哲学中家庭是建基于道义关系的，而非建立在人们的生理、本能、欲望或血缘关系之上。人性的动机源于人们对于家庭的责任。家族道德和社会道德可以说是性质相同的道德生活的扩展，也就是说，家族道德与社会道德均源于人们的仁心仁性之个体道德，家族道德成为贯通个体道德与社会道德的纽带。①

在钱穆先生看来，父子一伦乃为天伦，父子关系是由天注定的，不以人的主观意志为转移，所以父子之情可以被称作天理。如果要培养人与人相处之道的人情，往往是以父子一伦为开端，所以在一家之中，父子更需谨守父子之道，父有父道，子有子道，双方对立且平等。"为人子，止于孝。为人父，止于慈。"（《大学》）慈和孝是一组相促相生的父子道德规范，在家庭伦理当中，二者相辅相成，缺一不可。儒家思想将父慈子孝称作人伦要道，更进一步将孝作为德之根本加以提倡。注重父子关系也就是注重家庭关系，父子关系作为人较早接触的较为原始的人际关系，是一切良好人际关系的基础。"君子之教以孝也，非家至而日见之也。教以孝，所以敬天下之为人父者也。孝以悌，所以敬天下之为人兄者也；教以臣，所以敬天下之为人君者也。《诗》云：'恺悌君子，民之父母。'非至德，其孰能顺民如此其大者乎？"（《孝经·广至德章》）家文化是中国文化的核心组成部分，按照中国传统"家—国—天下"的扩展路径，家庭之"孝"能够扩展为国家社会之"忠"，父子之间的慈孝关系可以由家庭范畴推扩至国家天下范畴，"亲亲而仁民，仁民而爱物"（《孟子·尽心上》），使得人人相亲，最终达到理想社会的终极目标。家庭父子关系更能折射出一家之中长幼尊卑之间的相处之道。家庭之中的夫妇相处需相亲也需要有别，由夫妇关系延伸出的男女关系更应遵守特定的"礼"而有别。兄与弟虽异体，但同出一脉，共同的血缘使得二者之间有天然的亲密联系，所以"既知孝父母，则自知兄友弟恭"。先生为兄，后生为弟，兄弟关系也体现长幼之序，并且由家庭当中的长幼有序，推扩到社会当中的长幼序别。

中国传统社会以家为核心，道德由个体心性德性的自然流露出发，"再从此渗透到中国人传统的家族宗教'孝'与乡土伦理'忠'。若依近代术语

① 唐君毅：《文化意识与道德理性》（一），广西师范大学出版社，2005，第75页。

说之，'孝'的观念起于'血缘团体'，'忠'的观念起于'地域团体'。中国人所谓'移孝作忠'，即是'由血缘团体中之道德观念转化而成地域团体中之道德观念'。惟中国人又能将此两观念巧妙而恰当地扩展，成为一种'天下太平与世界大同'的基本道德观念，以及自然哲学'天人合一'与和平信仰'善'的种种方面去"①。也就是说，由个体心性道德到人在家庭这一社会细胞基体，由家庭家族之间的情感而衍生出维系家庭成员关系的家族道德，是中国传统道德进一步发展的过程，然而人始终具有社会性，必将参与更大范围的社会关系，所以会进一步扩充而产生社会道德。

3. 道德的扩展——社会道德

"修身、齐家、治国、平天下"是中国传统文化一以贯之的家国观，也是中国理想人格的形成路径。"中国古代的社会伦理多由家族伦理推扩而成，社会伦理带有家族伦理深深的烙印。"② 道德主体经历个体、家庭到社会，需要通过个体德性、家族道德进而推扩至社会人际交往之道。人是社会性的存在物，其日常脱离不了社会，因此具备强烈的社会属性。人处于社会当中，必然会与他人产生交往、联系，形成关系。中国文化与道德生活历来重视人与人相处的问题，将人与人之间的关系以及正常良好关系的维系作为重点加以考量。伦，有理字义，人与人相处必然会有区分、次序、等差、身份的不同，这就是所谓伦理，一般相对于社会层面而言。所以钱穆先生认为，人伦，便是人与人相处的道与义。社会范围的人与人相处之道，由个体德性及家族成员关系道德演变扩展而来，这样，用伦理、人伦约束人们的日常道德生活，也就是对人与人相处之道做出规范和约束，使得人们各尽守己之区分、次序、等差、身份之别，共成共守人伦之道与义。

中国传统道德思想，在日常社会中，主要表现为以礼为大众普遍的行为准则，以及对礼的教育。这种以"礼"为内容的行为准则和教育理念，意在全社会主张和推行以"善"为核心的价值观和法则，并且形成"为善""行善""众善"的社会风尚。中国传统价值观中对善的信仰，也可以看作中国宗教所具有的一种道德精神。"中国古代的宗教，很早便为政治意义所融化，成为政治性的宗教了。因此宗教上的礼，亦渐变而为政治上的

① 钱穆：《中国文化史导论》，《钱宾四先生全集》（29），第170页。
② 《中国伦理思想史》编写组编《中国伦理思想史》，高等教育出版社，2015，第2页。

礼。……因此政治上的礼，又渐变而为伦理上的，即普及于一般社会与人生而附带有道德性的礼了。"①

综上，中国传统道德由个体德性的自然流露，到维系家庭和社会的五伦之道，对内能够做到修己以安己，对外能够指导人们更好地处理人际交往问题、调节人际关系、规范人伦生活。所以中国传统道德的形成路径即为由以个体心性道德为基础，注重个体的道德修养；扩展至以家庭为单位的家族道德，注重家族成员间的亲爱、慈孝；进一步扩充为社会道德，注重人与人相处之道，注重社会人际交往的仁爱、尊卑以及友善，最终到达"天人合一"的"至善"终极理想境界。

二　道德的人性基础

"道德和人性问题攸然相关。道德产生于人类规范人性、完善人性的需要。这是人类理性永恒的追求。"② 人性问题一直被认为是道德哲学中的关键问题，很多学者将人性理解为道德的基础或逻辑起点，可见人性与道德之间的关系紧密，根据"人性是道德的重要基础"这一论断，在讨论道德理论之初，有必要讨论相关人性理论，明确道德理论的前提和基础之所在。人性是"人类心灵经历长时期文化陶冶以后所积累在其心坎深处的一种'潜意识'之自然流露"③。钱穆先生在其论著和演讲中多次提到人性论，承袭儒家传统人性论立场，对中国传统人性善理论持认同观点。可见其对人性问题以及人性善问题的重视。钱穆先生在探讨人性论时，从中国传统思想史中的相关争辩入手，表达对人性善观点的支持，除使性善论回归到孟子、王夫之、陈澧等学者的视角去还原其真意之外，还通过"解构-构建"的方法提出了自己对性善论的理解和认识，其中不乏切合时代的新知灼见。其无论从什么角度去揭示性善论的深层含义和时代新意，都在阐释人性善理论作为中国传统道德和文化的基础地位，也在展示中国传统文化之性善论给予我们的信念和力量，更向我们传达着传承民族精神、弘扬民族文化的决心。

---

① 钱穆：《中国文化史导论》，《钱宾四先生全集》（29），第 76~77 页。
② 郭夏娟、应杭：《卑贱与我无缘——伦理学精华》，上海文化出版社，1990，第 34 页。
③ 钱穆：《文化学大义》，《钱宾四先生全集》（37），第 134 页。

当然，对于道德的人性问题也需要客观理性地看待。通过对马克思辩证唯物主义和历史唯物主义的理解可知，道德并不是天生的，我们不可忽视道德产生的社会基础。

1. 人性变动论

先哲在讨论人性问题时，往往将其置于本体论、认识论等哲学范畴当中，试图明辨和澄清人性的内在本质和价值趋向。钱穆先生作为历史学家，总是以历史的思维看待问题，看到了人性善理论在中国历史发展中表现出的特质，并将其置于宏观的民族文化的范围内理解，通过与西方民族文化的比较，将性善论视为中国传统文化特有的理论和价值趋向，赋予性善论民族文化性的特征。在钱穆先生来看，人生可以分为"偏向前"和"偏向后"两种类型。西方人的人生大致可以归为"偏向前"的，中国人的人生大致可以归为"偏向后"的，二者最大的区别在于，偏向前的人生往往注重向前看，也就是注重看向未来，偏向后的人生更注重向回看，也就是注重记忆和过去。人性不是一成不变的，会根据自身所处的实际情况发生变动。"向前型的不满现状，向前追求，因此感到上帝仍还在他之前，而他回顾人生，却不免要自感其渺小而且可厌了。因此才发展成'性恶论'。向后型的人，对已往现实表示满足，好像上帝已赋与我以一切了。我只该感恩图报，只求尽其在我，似乎我再不该向上帝别有期求了。如是却使人生自我地位提高，于是发展出'性善论'。"①

也就是说，在钱穆先生看来，向前型的人生总是将人生希望和目标定在未来，总觉得欲望得不到满足，因此便总会向前追赶甚至争夺斗争，展现出人性恶的一面。向后型的人生，回看人生历程总会觉得富足美满，别无他求，只求安其心、放其心，所以把至善视为人生最高的价值取向。

所以，钱穆先生在对人性问题的解释和讨论中，首先从历史进化的角度诠释人性善。人性是变动的，也是动态发展的，在人生轨迹当中并非一成不变，人的道德会在社会生活中适应、变化。这与王夫之的人性观点有相似之处，王夫之在其人性论中最为突出的特色即为揭示人性并非"一受成侧，不受损益"。他强调："性者生也，日生而日成之也。"（《尚书引义》）王夫之从其气一元论的朴素唯物主义出发，认为气是不停运动和变

---

① 钱穆：《湖上闲思录》，《钱宾四先生全集》（39），第 14 页。

化的，理与气不能分离，理是气之理，性源自天之命，凡命皆气而凡命皆理，进而凡性皆气而凡性皆理，所以性也是不停变化的。从自然气化流变的角度来看，"性日生日成"，除此之外，"目日生视，耳日生听，心日生思，形受以为器，气受以为充，理受以为德。取之多，用之宏而壮；取之纯，用之粹而善；取之驳，用之杂而恶；不知其所自生而生。是以君子自强不息，日乾夕惕，而择之、守之，以养性也"（《尚书引义》）。也就是说，从人自身主观角度来看，"性"是可以通过人的主观能动性去选择和权衡的，这强调了"人为"的作用，所以需要人们不断地自强、自守、自勤、自惕，实现德性的养成。与王夫之的观点相近的是，钱穆先生惯于从史学的致思路径出发，将史学和哲学融会贯通，从人性变动的历史进化论的角度去诠释人性善，并且凸显了人性善从历史进化论的角度理解所具有的说服力。他认为孟子的性善论从人类内在最为真实的趋向上来看，始终是趋向于善的。"人性可为善，也可为恶，但就人类历史文化之长程大趋势而言，人性之向善是更自然的。"① 这无疑是钱穆先生对人性善理论的贡献之一，即将传统的人性善的讨论背景拓宽，并非将其局限于哲学人性论的角度，而是从历史学的角度寻找和理解人性善的合理性。

2. 人性向善论

中国传统观念总是从本体论角度和修养论角度谈人性善，认为人性由上天赋予，每个人都具有天生的善性，并且具有向善的意识和观念。也就是说，在钱穆先生看来，人人心存善念，就有为善的潜能和趋向，"人皆可以为尧舜"，每一个人都可以通过自己人格德性的内在培养和外在生发达至善的人生境界。相反，如果某个人的某个举动不符合人性，是人性所不能接受的，就是恶的。这种人性的善恶观念便是中国人关于人性的理论和信仰。性善论源出于孟子，为孟子学说的精神之所在，是孟子之于中国传统道德和文化的重要理论贡献。孟子提出恻隐之心、羞恶之心、恭敬之心、辞让之心这"四心"为人皆有之善端，认为人人都有恻隐、羞恶、辞让、是非之善心，由一人推至人人，由一时推至时时，扩而充之，人人都有成圣的可能，所以人们在意识到善性之后就要通过学习和反求诸己的道德教育和道德修养途径，为善成善，达到至善的理想境界。

---

① 钱穆：《中国思想史》，《钱宾四先生全集》（24），第32页。

人性总是向善的，钱穆先生在理解这一问题时，首先从本体论和价值论角度诠释人性善。这种诠释可以说是对孟子性善论的还原。钱穆先生在理解孟子的"性善论"时说道："孟子之意，仅主人间之善皆由人性来，非谓人之天性一切尽是善。"① 他认为孟子所指的"性善论"，并没有人们通常所理解的"人性本善"的含义，人们通常将"人性善"理解为"人性本善"，也就是主观地认为人性本来的样子是善的，甚至是纯善的，而钱穆先生对此并不认同，他认为"人性善"仅指人的善性、善心、善念来自人性，并非指人性生来只有善，其引用清代著名学者陈澧所言："孟子所谓性善者，谓人人之性皆有善，非谓人人之性皆纯乎善也。"② 也就是说，钱穆先生认为，孟子的性善论，有善的成分，也不排除恶的成分。人有善性，也有恶性，可行善，也可为恶，人之善的含量也会因人生的境界不同而不同，并且，圣人的本性纯有善，而恶人的本性非纯有恶，也有善的成分，常人都具有善性。③ 所以，无论是圣人、常人还是恶人，人性之中皆有善的成分，即便是十恶不赦的恶人，其人性中仍然有善。"人性之趋恶，是外面的'势'。人性之向善，则是其内在之'情'。"④ 人性趋恶，是外力所为，是善之情的缺乏；人性向善，是本性之自然而然，是人之"情"对性之善的驱动和遵从。除此之外，从人的内在心理趋向上来讲，向善是更容易形成的心理倾向，而为恶，往往需要更多的内心纠结和不安驱动。所以钱穆先生对孟子性善论的讨论，可以帮助人们正确地认识人性的实质，把注意力放在更能自然为之的善性之上，挖掘出人内在为善的潜能，并将其表现出来，让善更多地去覆盖和减少恶的思想和行动。

钱穆先生所理解的人性向善，也可从现代平等和自由的角度诠释。"盖孟子道性善，其实不外二义：启迪吾人向上之自信，一也。鞭促吾人向上之努力，二也。……则孟子性善论，为人类最高之平等义，亦人类最高之自由义也。人人同有此向善之性，此为平等义。人人能到达此善之标的，此为自由义。"⑤ 也就是说，孟子性善论的提出所具有的意义，在于启迪人

① 钱穆：《四书释义》，《钱宾四先生全集》（2），第254页。
② 钱穆：《四书释义》，《钱宾四先生全集》（2），第253页。
③ 钱穆：《四书释义》，《钱宾四先生全集》（2），第254页。
④ 钱穆：《中国思想史》，《钱宾四先生全集》（24），第32页。
⑤ 钱穆：《四书释义》，《钱宾四先生全集》（2），第252页。

人知善，鞭策人人向善。这一"人人"，不同于"人"之处，就是从个体之汇集的角度去理解人性善的人，将"人性善"扩展为"人人性善"。因为平等、自由、独立等西方传入的先进思想，都是在"人人"交互之集体语境中才能够成立的。钱穆先生将人性善置于现代文化语境中，赋予其平等与自由的价值和意义，说其具有平等的意义，是说人人都生而平等地在本性之中具有善性善心这种道德属性，善性善心不会因为家庭原初财产、地位的不同而不同；说其具有自由的意义，是说这种天生的善良本性存在于每个人的本心本性之中，是不思而成、不学而能的，就好像"我欲仁，斯人至矣"，"我欲善，斯善至矣"，这种善心善性只受主体自由控制，只要人人有此心，人人欲向善，便能行善而成善。钱穆先生这种用现代含义的自由与平等解释性善的思想，可以说是对性善论的创新和贡献之处。钱穆先生所处的时代背景，西学东渐、国学式微，统治中华民族上千年的思想和信仰受到冲击，他一心以传承、弘扬和复兴中华传统文化为己任，所以其面对西方传入的先进思想，也会与中国传统思想做出一番对比，得出中国传统人性善理论同样具有平等和自由的含义，指出中国文化和中国传统道德也具有西方某些文化和道德观念的含义，启发人性善理论在现代社会背景下具有的"启迪人向善之自信、鞭促人向上之努力"的作用。其更深层次的目的还是弘扬中国传统文化，启发国人不要一味聚焦西方思想。他告诉我们，西方思想的先进之处，在中华传统思想当中亦有显现。

３. 人性重情论

中国文化向来以人为本，除却重视个体内在德性的涵养和彰显之外，也重视人与人的情感联系。人们通过交往可以见得对方的真意、真心，更通过人伦大道的规范和约束来培养、抒发善良感情。所以在中国传统道德中，无论是父子、夫妇、君臣、兄弟还是朋友之间，都非常重视一个"情"字。梁漱溟先生在论及人性问题时，也非常重视"情"，但他理解的"情"，更多指情感和意志，"说情，我指人的情感意志；而情感意志所恒有的倾向或趋势，我便谓之性"[①]。蒙培元认为，"情"兼具感性和理性两种性质，"情是可以上下其说的，往下说，是感性的情绪情感，往上说，是理性的德

_____

①　梁漱溟：《人心与人生》，上海人民出版社，2018，第175页。

性情感或'情理'、'情性'"①。在钱穆先生看来，人性由情，是人立于天地间的一个显著的特点。由此可见，钱穆先生所理解的"情"，首先是与"理"相对的"情"。

"情"与"理"相对，我们可以将"理"理解为"理智、理性"。钱穆先生认为，中国社会以情为重，"若以人心分感情、理智两部分言，则仁与礼属感情，义与智属理智。果使此心无感情，即不会有理智。无感情之理智成为无作用，无意义。……仁与礼属感情，乃人生根本。义与智属理智，乃人生作用"②。按照这种解释，我们可以将重情与重理分别对应中国社会和西方社会，钱穆先生认为西方以理性为源头所注重的自然科学虽然能够带给人们物质层面的实际功利，但也刺激了人生的物质欲望，受欲望所左右的人生，人与人之间的相处缺乏情感，这是要不得的。

钱穆先生认为，在中国传统道德范畴中，情大都与欲相对，情即情感，欲即欲望、功利。人的本性是有情也有欲，中华民族的基本心理倾向是在与物为对象的接触中欲大于情；在与人为对象的接触交往中往往将人际的情感置于功利之上，这与西方人际交往有很大的区别，"故西方有'个人主义'，又有'集体主义'，主要皆在'权'。集体主义实即个人主义之变相，则人与人间自无情感可言。权力则为'人欲'，中国则重'情'轻'欲'。"③中国五伦关系中以家庭为核心的三伦，即父母、夫妇、兄弟相处，更讲一个情字，并且能通过相互之间的真情实意，以亲爱、情感、道义相互处之，逐渐淡化相互之间的功利之心，使得亲人之间的感情更加深重，所以中国传统道德观念较为重视亲爱慈孝、亲情至上。推至君臣、朋友二伦也是如此，君臣之交贵在忠、敬，而这种忠和敬，恰是在君与臣双方彼此真诚相交相待的情感基础上求得的；朋友之间交往，初见或许会略显生分，但既然能够成为朋友，便可知彼此之间志同道合，其中更少不了情深义重，朋友间的情深意切才能成为互信互帮互利的桥梁。所以总体来说，中国传统道德在情与欲方面的心理倾向，往往是情大于欲，重情而轻欲，下至与人朝夕相处的万物自然，上至密切联系交往的人与人，都偏向个人心性感情的自然

---

① 蒙培元：《中国文化与人文精神》，《孔子研究》1997 年第 1 期。
② 钱穆：《双溪独语》，《钱宾四先生全集》（47），第 163 页。
③ 钱穆：《晚学盲言》（下），《钱宾四先生全集》（49），第 984 页。

流露和亲近之情,人与人之间的交往,重情才会进一步产生真挚的相亲、相爱、相敬、相悌与相信,这也是中国传统伦理的一大突出表现。

钱穆先生认为中国人对人性重情认同深刻,强调人际的情感和情义。所以儒家总强调道德人生,道家也多言艺术人生。这种道德人生和艺术人生都与中国人重情重义,富有同情心、仁爱心的心性相契合,才不至于被外物人欲的功利观与权力观驱使,以至于人与人的交往相杀相争、不和不乐、无爱无敬。所以,中国传统道德观念,讲求以个人的自然心性以及人与人彼此间的真情实意为人处世,既重情义也符合道义,这样,情谊相通并且能够相互满足,人与人交往就能够做到相爱相敬、相合相乐,进而实现理想的道德人生与艺术人生。

三 道德的价值基础

价值分为正面的价值与负面的价值,在这里所讨论的道德的价值基础,主要是从道德的正面价值角度而言的。一般而言,道德的正面价值的理解,认为价值是"一种广义的好,在道德领域中,它则表现为善"①。在钱穆先生的学术思想当中,总是将道德置于人生范畴内进行讨论,将道德定义为人生的价值和意义之所在,认为人生需要追寻和实现的价值,需要将道德作为达成的方式之一。因此,在此讨论的道德的价值基础主要是指道德的人生价值,即道德能够帮助人生追寻和实现哪些价值。

1. 人心一元的人生观

人生观是"人们对人生根本观点的总和。主要内容是对于人生的目的、意义的认识和对人生的态度"②。人生观也就是人们对于人生意义和价值的基本观点和看法。在中国文化背景下,很多人将文化理解为人生,认为中国传统文化以道德为核心,这就决定了道德对于中国人、中国人人生特殊的价值和意义。道德不仅是人内在约束的自觉,对自我意义、价值满足和确证的手段,也是维系社会秩序的柔性规范,是处理人与人、人与群体之间利益关系的准则。

西方受宗教信仰的影响,秉持肉体-灵魂的二元人生观,这种二元人生

---

① 杨国荣:《道德与价值》,《哲学研究》1999 年第 5 期。
② 朱贻庭主编《伦理学大辞典》(修订本),上海辞书出版社,2011,第 60 页。

观指在人的肉体生命之外还有灵魂生命，进一步来讲，也就是指在人的现实生命世界之外还有另一个世界，由二元人生观引申为二元的世界观。纵观西方思想历史，其对世界的认识始终没有跳脱出二元论的模式。柏拉图提出先在灵魂不朽论和后在灵魂不朽论，认为人的灵魂可以有前世和来生，灵魂不灭，而与灵魂相对的是人的肉体，肉体是伴随着生命的结束而消失的，这样就有了肉体与灵魂的二元对立，并引申出肉体之"感官"与灵魂之"理性"对立的学说。肉体所"感官"到的世界是经验性的物质世界，灵魂理性所感受到的世界是思辨性的精神世界，进一步引申出物质世界与精神世界的对立。此后的西方世界，受到基督教的影响，中世纪的奥古斯丁对神的追崇、对精神的重视、对灵魂世界的终极追索，更加凸显人心的被动和次要地位，人心之感觉与灵魂之理性相互对立，使得西方对世界的二元观念更加鲜明，这种趋势直到文艺复兴时期才有所改变："自此以下的西方思想，似乎'灵魂'的地位逐渐降低，'心'的地位逐渐提高，西方思想界另有一番新生气。"[1] 即便如此，西方对世界的二元观念是无法改变的，其根源于灵魂、肉体的二者分立，沿袭精神世界与物质世界、本体界与现象界等区别，后世逐渐分化出经验主义和理性主义、唯名论和实在论等二元对立的思维模式。这种二元对立的思维模式和人生观，直接导致西方不仅将人生的价值和意义寄托于人生自心，还寄托于脱离人生自体的外在物质或宗教，将人生的价值和意义理解为物质经济的实际满足以及灵魂的安放。

反观西方人心二元的人生观，钱穆先生认为对于人生而言，最为根本的寄托应在于人心："一切宇宙人生，便都在此人类自身的心上安顿。从人心认识到性，再从人之心性认识到天……这是孔孟以下儒家思想之主要精神，可说是一种'人心一元论'。若用流俗话语之，可谓'良心一元论'。"[2] 这种人生观与儒家重视现实现世人生的意义与价值的实现一脉相承，并且与西方二元对立的人生观存在很大的不同，因为在中国人的观念中，并不存在肉体与灵魂、身与心的对立，相反，中国文化更加注重身心合一、知行合一，更加注重人心的现实性。这种注重现实现世的人生观，

---

① 钱穆：《灵魂与心》，《钱宾四先生全集》（46），第3~4页。
② 钱穆：《灵魂与心》，《钱宾四先生全集》（46），第15页。

必然会更加重视人们在现世生活当中内心能够被合理地安顿。这种"安顿",体现于人们的人心和实践上,现世人生获得了安顿,就能达到人生之"不朽"境界。钱穆先生认为,当时人们对人生不朽有两个层面的见解,一是家族传袭的世禄不朽,二是立德、立功、立言之"三不朽",安心于德,便是其一。并且在钱穆先生看来,在立德、立功、立言之"三不朽"当中,立德最为重要。

中国传统人心一元的人生观,明确了人们需要将人生价值和意义的焦点聚于人自身的现世表现与良心安顿之上,将人心安放在己身之"德"上,这样便能与追求不朽的人生价值相契合。但需要明确的是,这并不是说道德是实现人生意义和价值的唯一手段,人生必然离不开物质经济等方面的支持,只是强调道德是人生意义和人生价值的落脚点,是人们找寻人生意义、实现人生价值的最终手段,也是人生价值和意义的归宿。所以,这种强调人心一元的思想,也可以被理解为一种真正的为己之学,即以人的自我生命和道德完善为核心,强调人们的道德人格和道德主体性的培养和建构,将人生的安与乐建立在每个主体个人的内心之上,由此,自心是自我内心安乐的动力和主宰,德性是自我安乐的关键。

2. 人生信仰

人们总会将信仰与宗教联系在一起。钱穆先生的中国传统文化观总是站在儒家学说的基本立场,所以,在儒学与宗教关系这一问题上,钱穆先生认为,"中国文化中虽不创生宗教,却有一种最高的宗教精神。我无以名之,姑名之曰'人文教',这是人类信仰人类自己天性的宗教"[①]。儒学在中国传统文化中,始终占据中华民族思想至高地。尽管儒学不符合西方关于宗教的完备性的定义,即不具备宗教传教士、宗教场所、特定的宗教礼节和仪式以及明确的教徒身份等要素,但从功能角度来看,具备了宗教的一些特征,代替了宗教的功用,并且具有宗教的精神,在中华民族心目中体现与宗教相似的神圣性特质,进而成为中国传统民族信仰的核心思想。儒家思想最为突出的特质即为"崇德向善",也就是以道德为中心、以"善"为指导。所以,钱穆先生认为,受儒家传统思想的指导和影响,中国人的人生信仰一为人生"崇德",二为人生"向善",这样就明确了中国人的价

---

① 钱穆:《中国历史精神》,《钱宾四先生全集》(29),第152页。

值信仰之所在。

由于儒家学说的崇德重德特征，使得道德代替了宗教的社会功能，并且将道德进化成为中华民族的信仰，所以中国传统文化中的人生信仰以道德为中心。中国人常常将"天"作为原始和终极信仰所在，天生万物，同时又超越人类的认识，成为神秘的"不可知"的存在。因此，在中国人的观念中，面对现实生活当中的种种冲突、纷争和祸乱，仍然要从万物及人类自身去寻求根源和解决之道，由人人之自求和谐，到人类之自求和谐，到万事万物的终极和谐，也就是"天人合一"的最高境界。由此，能够认识到，中国人虽不知天，但自有一套与天感通的思维方式，也就是人人都可自得其心、自知其心。当人们反躬自查自问，如果人心自觉和谐，就能心安，如果人心自觉不和谐，则心不安。在中国人的观念当中，心安就是与天相合，便能通往天人合一的终极和谐。这便是"天与理一""心安理得"。"心安"需要通过心性修养和道德行为来实现，实现人人"内心之和与安"、人与人"相交之和与安"、人与物"相处之和与安"，最终能够"理合于天"。所以，道德据此成为人们上通天道的桥梁，成为人们具有宗教特征的内心信念。

中国人的人生观念崇尚道德的价值，进一步深究，以"善"为价值源泉和核心指导。

首先，中国人信仰人性本善。因为"善"是原始的，也是终极的，与天道精神相契合。善端善念自在人心，有此善端善念，人们才自知在不和与不安中求得和与安。人心永远都保有善端善念，目的在于求得和与安，这就是人性的应然和本然状态，也就是"人性善"。中国传统儒家以人性善为道德理论和学说的基础。遵循孟子的学说，主张"善性"是人们本有的特性。人们天生的能力是良能，天生所知道的即为良知。这种良能、良知即为人生而有之的爱亲敬长之心，这是人们的本心，也是人们的本性，本心本性天生是善，人们需要遵循心性之"善"来寻求和获得自我人生的完满发展和完满状态。

其次，中国人信仰人生需向善。从"向善"的角度来理解，中华民族将这种善观念内化为人生的信仰，指导并鞭策人生的方方面面。也就是说，无论你想成为什么样的人、想拥有什么样的人生，或是追求何种价值和精神，都应该将"善"作为目的和标准，作为指引人生前进的明灯。

最后，中国人将"至善"作为价值追求的终极目标以及人生的终极目的，也是人生信仰的最高境界。值得注意的是，"至善"并不是要求人人都达到德性完满、德行完备的完美道德境界，而是以"至善"为人们提升生命价值、彰显道德意义的标杆，以"至善"为目标去指引人生方向，实现完满人格、成圣成贤的人生理想。

3. 人生理想

"身生活"和"心生活"是钱穆先生对于人生的粗略划分。身生活对应物质生活，心生活对应精神生活。"此两种生活是相通的，身生活可以通到心生活，心生活也可以通到身生活。但两者相通而不合一。身生活不即是心生活；心生活不即是身生活。照理心生活是主，是目的；身生活是仆，是手段。没有了身生活，就不可能有心生活。但没有了心生活，身生活便失去了其意义与价值。"① 由此可见，在中国传统人生观中，对应人精神层面的心生活与对应人物质层面的身生活二者缺一不可，以心生活为主、身生活为次，身生活是心生活的基础，心生活是身生活的意义和价值所在。同时，受心生活与身生活的特质限定，身生活大都是暂时的、不可保留的，心生活则是可以积存和长久的，所以在钱穆先生的价值观中，对心生活的价值排序高于身生活。人们对心生活与身生活的价值排序，决定了人们对物质生活和精神生活的价值追求。显然，通过钱穆先生对文化三层次的排序及对其演进规律的认定，中国传统文化表现的总体特质是更加看重和倾向于"心生活"，即人生精神层面。需要注意的是，更加重视精神层面"心生活"的中国传统文化，并非不重视物质层面的"身生活"，只是将物质层面的"身生活"视为人们生活的基础和辅助，生活的关键和核心还是在于"心生活"之精神层面。

在中国传统人生观念当中，心生活居主位，成为人生价值与意义的追求所在。那么心生活到底追求的是什么呢？钱穆先生认为："心生活之自身要求有两个字，一曰'安'，一曰'乐'。"②

人们的身生活也追求安与乐，只是身生活的安乐需借助外部条件的满足获得，而心生活的安与乐则更多地源于人心之本身，需要人自身向内求

① 钱穆：《中华文化十二讲》，《钱宾四先生全集》（38），第46页。
② 钱穆：《中华文化十二讲》，《钱宾四先生全集》（38），第52页。

以获得。比如饮食和穿着，可以使人们的身体在某种程度上享受安乐，有些人将安乐的标准仅仅停留在对外在物质条件的衡量上，追求奢侈、高端的饮食和穿衣标准，但这并不代表人们的心生活仅仅通过吃饭、穿衣就能够达到完满、安心、快乐的状态。比如，对于那些在生活中并不注重外在穿着、吃喝玩乐的人而言，吃什么、穿什么似乎都无所谓；又或许对于那些节衣缩食、勤劳朴素、勤俭节约的人来说，朴素、简单的生活习惯更能让人心感到安与乐，正如孔子所言："饭疏食，饮水，曲肱而枕之，乐亦在其中矣。"（《论语·述而》）还比如颜渊所言："一箪食，一瓢饮，在陋巷，人不堪其忧，回也不改其乐。"（《论语·雍也》）在圣贤心中，物质追求并不重要，内心的安定与富足或许才是他们所向往的终极快乐。所以，我们可以将钱穆先生所强调的安与乐理解为人们内心精神层面的富足和完满，实质上是想引导人们多向自心之内部条件求安乐。也就是身处富贵的外部条件，可以使人安乐，身处贫贱的外部条件，也可以使人安乐，人心之安与乐可以不受外在物质条件的支配，更加需要反求己心之安足，切勿因过度追求人身之外部物质条件而扰乱内心的安与乐。所以，中国传统的人生安乐观常表现为以"安分守己""反求诸己"为安乐。中国自古以来便是以农业为主的社会，百亩之田、安土重迁、生事以足，人们反求诸己、安守本分、谨守己德，就能父慈子孝、夫妻和睦、兄友弟恭、邻里和顺。如孔子所说："我欲仁，斯仁至矣。"（《论语·述而》）也如韩愈所说："足乎己无待于外之谓德。"（《原道》）因此，外事外物外人作为异己的客观条件，都有成为限制自身安乐的可能，只有自己之内心是可以完全受自我主观支配的。当然人们面临纷繁复杂的社会现实和人际交往，也许会受不良因素的引诱和蒙蔽，这就需要自我正确的价值判断和坚定的人生信仰，需要依靠内心的道德自觉来帮助人们走向通往人生理想的内心精神层面真正的安与乐。

所以，钱穆先生将己之德性看作通往人生理想之安与乐的桥梁，"一己之德性，即为天地之中心，为万世之常轨，而事业亦尽在其中矣，故立己立德，乃为人生唯一大事"[①]。在中国传统文化观念中，认为人们具备道德德性，就能使万事万物的运行合乎常规轨道，才能更好地成就人生事业，

---

① 钱穆：《晚学盲言》（上），《钱宾四先生全集》（48），第170页。

才能完满人生。所以在钱穆先生看来，立德、行德，是人生最为重要的事，是成就人生安与乐的关键。在中国传统观念中，这种人生安乐观也会被扩充至人们的日常生活当中，使得人们追求"生活艺术化"这一理想生活样态。在这样一种生活样态中，"人的德性和自然融合，成为一艺术心灵与艺术人生。中国文化精神便要把外面大'自然'和人的内心'德性'天人合一而艺术化，把自己生活投进在艺术世界中，使我们的人生成为一艺术的人生，则其心既安且乐，亦仁亦寿"①。这也就是中国传统文化的终极人生理想，即达到一种"天人合一"的理想境界。中国人的这种通过反求己心己德以求安乐的人生观，对比西方将安乐寄托于宗教的人生观，被钱穆先生称作现前享福的人生观。伦理学的一大议题是讨论什么是"幸福"、什么是真正"幸福"的生活。中国传统文化所倡导的这种现前享福的人生观，将德性与幸福紧密联结在一起：人生的幸福源于自己无限的向内自求，幸福生活不是在物质的将来，而是在当下的现实，这种福有一个前提条件，就是福德俱备。福德俱备意味着人们的福不是利己之福、自私之福、不义之福、无信之福，所以，从某个角度来说，福德俱备要求人们用道德德性约束自己的行为、欲望，或许在物质利益方面，并非真的"享福"，但能在更高的精神层面安放自我人生。

所以在钱穆先生的人生理想论当中，同样将人生精神层面所追求的安与乐寄托于个体的道德德性，人生理想的安乐、幸福与道德紧密相连。

4. 人生自由

在钱穆先生看来，万事万物生存运转都有一个目的，有生之物的目的为其生命的"保存"和"延续"，可以说这一目的是最切近自然的生命目标。作为生物高级形式的人类，基本的生存需要也是生命的"维持"和"存续"，但除此之外，人生还有更高层次的目的和指向，也就是人生超越生命而存在的目的趋向。当人们将生命的追求脱开生老病死、口腹之饱、衣着之暖、身有所居等基本生理层面，上升到寻求人生价值意义的精神层面，由理性层面超越感性层面之时，便可以从"自然"的人生进入"人文"的人生或"文化"的人生。善和恶的观念是随着自然人生进入文化人生、浅层的文化人生进入更高的文化人生而更加鲜明的，因此，随着人类文明

① 钱穆：《中华文化十二讲》，《钱宾四先生全集》（38），第56页。

和文化演进,人们对于善和恶会有更深刻的认识。对此,钱穆先生认为,文化的人生才是人们脱离自然人生的一种"自由"。① 这里的自由有两层含义,人的生活进入了文化人生,首先应该能够使人在自然求生存的目的之外,有追求其他目的的自由;其次,人们也应该有选择某种目的的自由。文化人生,应该是人类从自然人生解放出来的一种"自由"。人类一旦经历过"文化人生"这种自由,便会觉得自然人生索然无味,尽力追寻和使用文化人生之自由。有的人甚至舍得抛弃最为基本的生命存续、食足享乐之自然人生,去寻求更高阶层的精神、心灵、文化人生的"自由"。

钱穆先生通过反对西方机械唯物论及宗教目的论两种自由观,来阐释文化人生自由观的合理性。他认为,如果按照西方机械唯物论的观点审视人生,人生便不是自由的;如果按照西方宗教目的论的观点审视人生,人生被上帝预设和安排,所以也谈不上自由。② 因为机械唯物论始终将物质自然视为核心目的,宗教目的论则违背了自由的本质,而文化人生的自由观既保证了人生的选择不仅限于自然生命的存养层面,又保证了人们选择人生目的的自由度,赋予了人生高度的自由选择权,所以这样的"自由"才能使人进入真正的自由境界。钱穆先生所理解的文化人生的自由更多的是与中国传统道德中的"善"相对应的。自然人生中的人们往往处于野蛮蒙昧的生命初级状态,在这种状态当中的人们都是以生存为目的,杀戮、抢夺、斗争在他们看来只是维系生命的工具性过程,不具备是非善恶的区别。而当人进入文化的人生,开始进入文明的状态,便有了思想和反思,也开始具有明确是非善恶的观念,开始对自己的行为有所判断和取舍,产生了道德意识和道德观念,为善去恶成为其自由选择的应然状态,人们在更多的"善"中获得更多的自由,这也是人生进程中的一种理想的状态。

什么才是真正的自由呢?根据美国心理学家詹姆士对"肉体我""社会我""精神我"的划分,钱穆先生认为"肉体我"之身常常不能受自我的支配和控制,比如生老病死都不能由"我"自由决定,"社会我"在社会当中与他人产生联系也不能尽受自己的掌握;所以"精神我"才算得上真正自由的"我",精神自由也可以说是真正的自由,因为我心所愿、所想可以无

---

① 钱穆:《人生十论》,《钱宾四先生全集》(39),第28页。
② 钱穆:《人生十论》,《钱宾四先生全集》(39),第28页。

人能知，也不需要受到他人的管辖限制。詹姆士所说的"精神我"实际上犹如欧洲教育家佩斯泰洛奇所说的人类最高一级的生活情状，即"道德情状"。他指出，人生有一种力量既非来源于人的动物性欲望，也非来源于人所处的一切社会关系，而是来源于"我"之本质，形成"我"之尊严，这就是人类之德性。所以钱穆先生认为"我"之真正的自由，并非出于社会关系和规定的强制约定，并非出于对社会规则被动地遵守和服从，而更多的是出于个体内心自然自觉的"由仁义行"，需要通过自己的善念德性和德行自己创造，"此乃我行为之最高自由，此乃我内在自有之一种德性"①。

在人生价值层面，钱穆先生分别从人生观、人生信仰、人生理想、人生自由等方面阐释、论述了中国传统人生价值和人生意义均指向道德，奠定了中国传统道德的人生价值基础，并揭示了中国传统文化、中国人崇德向善、以道德为核心的价值取向。

第二节　道德要义论

一　道德的含义

何为"道德"？面对这样一个关于道德的定义与概念的界定问题，一直众说纷纭，不同的学者侧重于不同的角度，得出不同的定义和解释。在中国，"道德"一词往往是由"道"与"德"演变发展而来的。

"道"字，《说文解字》将其解释为："所行道也。"原始意思为道路、方向、途径等，"一达谓之道"，即通往目的地的路，也谓正道，非岔路、邪道。在中国传统伦理或中国哲学范畴之中，"道"是对其原始含义的形而上的升华。其引申义为人们在日常生活中需要共同遵守的道理、法则、方法等。所谓"诚者，天之道也；诚之者，人之道也"（《中庸》）。"道"即人成其为人所需要的必然要求，做人的基本规范和准则。

"道"这个范畴在钱穆先生的学术思想中被赋予了更加丰富的内涵，钱穆先生分别从哲学本体意义、人生价值意义理解"道"，并且认为"道"为人生之"道"。学者宋薇对钱穆先生的"道"的含义做出了梳理，她认为钱

---

① 钱穆：《人生十论》，《钱宾四先生全集》（39），第 122 页。

穆先生针对"道"的理解主要从"道"的生存论范畴和本体论范畴两方面展开。"道"的生存论范畴的含义主要是指"道"是具有普遍性的，是每个人生之为人、时时都需要遵循的做人之道，所以也被称作"大道""人道"，其来源于人的内心情感，特指"同情心"，以"仁"释"道"，其核心情感是孝悌忠信，这种人生大道是人人相通的，也能世代相通，并且最终应落实到行为上，所以，钱穆先生提出，"道"贵在能行。① 关于人生大道，钱穆先生用三句话概括：人生重要在情感，情感要在己，己心要能乐。② 就"道"的本体论范畴而言，钱穆先生认为，儒家所说的"道"主要在人文方面，主要在天人和合、天人合一处，偏重于"道"的积极层面；道家所讲的"道"主要在自然方面，主要在天人相分的消极层面。儒道合流，道理并言，是对中国传统文化之"道"理念的扩大与充实，"道"在此基础上能够天人相通。③ 所以，道的本体论意义不仅在于它是万事、万物、人人的本原，更在于它是万事、万物、人人之"要道"。

面对儒家的"人道"和道家的"天道"，钱穆先生认为，人生要归宿到道德的人文关怀之上，要内心存道并且行道，强调道之于人生的价值和意义，这样才能更好地实现人生价值和人生的道德价值，即成己、成人、成物。④ 所以，我们可以将钱穆先生对"道"的解读理解为，首先，"道"既指"天道"，又指"人道"，在中国传统文化中，天道与人道相通，人道更加受到人们的重视。其次，"孔子教人把心安放在'道'之内，安放在'仁'之内"⑤。道心即仁心，道心与仁心相通相同，仁心发端于人人都具有的同情恻隐之心，所以人人都要遵循的大道，也源自人人都具有的同情恻隐之心。道和仁构成钱穆道德哲学的本体以及人生的价值和意义。

"德"字，在周代金文里就经常出现，德字从字面看，直心为德。"德"即为人于"道"之所"得"。东汉许慎的《说文解字》将"德"解为："德，得也，从直从心，外得于人，内得于己。"所谓"内得于己"，即"赋于天而得于己"，也就是直面自己的天赋内在心性，端正之，修养之，反省

① 宋薇：《钱穆"道"论及其美学阐释》，《河北大学学报》（哲学社会科学版）2010年第3期。
② 钱穆：《晚学盲言》（下），《钱宾四先生全集》（49），第1026页。
③ 钱穆：《晚学盲言》（上），《钱宾四先生全集》（48），第131页。
④ 宋薇：《钱穆"道"论及其美学阐释》，《河北大学学报》（哲学社会科学版）2010年第3期。
⑤ 钱穆：《人生十论》，《钱宾四先生全集》（39），第114页。

之，便能够直通心性，使身心各自得到其有益之处。所谓"外得于人"，其实质也是一种"得于己"，即"由己行之而得于己"，每个人通过各自心性修养而获得的善念善性，指导个人行为符合一定的规范和准则，进而获得他人的接受和尊重，同时也获得主体自心的丰沛与满足。

从中国文化的轴心时期——春秋战国时代起，百家争鸣的各家学派虽然思想倾向有异，但都从各自的角度对"德"进行了理解和阐释，"德"也开始指称具体的道德德目。如孔子所提出的"智、仁、勇"三达德以及"孝""悌""忠""恕""礼""义"，孟子所提出的"仁、义、礼、智、信"五常德，老子提出的"无为""不争"，管仲提出的"礼""义""廉""耻"等。韩愈说："足乎己，无待于外之谓德。"（《原道》）一切人生之道皆出于一己之德性之内发，无须外求于他人他物，德性的外显不仅能给他人带来"得"，重要的是同时也能使自己"有得"，所以凭己德之"发"便能达到自心之满足，也叫作"足乎己"。人人通过德性、品德的外显以达"足乎己"，进而更觉得不需外求于他人他物，就能在内心感到完满富足，这便是道德之于人心性以及行为的良性循环机制。钱穆先生从人性的角度阐发德的内涵，认为"一切行为发源于己之性，归宿到自己心上，便完成为己之德。故中国人又常称'德性'"①。也就是说，德、道德由人性决定和起源，德是对内在人性的一种反映，德由己发，并归宿于己身，自有所得，就是所谓"德"。

钱穆先生如何理解"道德"呢？第一，"人性赋于天，由此而行之谓道。故人道亦即是天道。若违逆于人性，则决然不是道"②。人性源自至上之天，人道、道德源自人性，并且必须符合人性，这就是天道，不可违逆，这也是中国绵延至今一以贯之的道德法则。第二，"人之行为，应本于己之内心以为最直接之出发点，亦应归宿到己之内心而有其最直接之收获。若不由己出发，又于己无得者，皆非德"③。中国人讲道德往往注重"诚"，"诚"是主体道德的最高境界，也是道德主体与道德客体之道德法则的高度契合和统一，道德必须是源自人之内心所自发的一种感情的表现和流露，

① 钱穆：《中华文化十二讲》，《钱宾四先生全集》（38），第17页。
② 钱穆：《中国文化丛谈》，《钱宾四先生全集》（44），第114页。
③ 钱穆：《中国文化丛谈》，《钱宾四先生全集》（44），第114页。

是自本于心、自诚于心、自然而然的，不轻易受到外力的影响，非外力所促发，亦非外力所强加，也没有功利性的目的和前提作为条件，所以真正意义上的道德是"纯乎于己""诚乎于己"的。同时，人们真诚地修养德性、践行德行，最为根本的目的在于"己有所得"，这种"得"并非以功利性的收获为预设前提，甚至有时候还会损失自身的功利性利益；这种"得"兼有精神性的获得和物质性的获得，但真正有德之人似乎更加注重德性、道德之于人们的潜在精神性的利益和收获，因为这样更加符合人之为人的原本心性，并且可以给人们的内心带来充实和满足之感。有一点需要指出的是，人们践行德性、道德不一定能够即刻带给人们完满与富足的感受，也并非每次践行道德都能给人带来福报，人们的善心善念所换来的不一定是善意的回报，但我们需要相信，德福一致、"善有善报、恶有恶报"是人们所应秉持的道德信念，这是一个需要长时间尝试和积累的过程，需要人们"择善而固执之"。人们需要明白，人生如果没有道德和伦理的制约和规范，便会失控、失序、失衡，也会产生不安的心理，所以当人们无德、失德之时，一定首先会受到自己良心的谴责。非但无所"得"，反而会有所失。所以，我们可以由钱穆先生对"道德"一词的定义得出，"道德"是"内源于己""纯乎于己""诚乎于己""内得于己"之统一。

二 道德的作用

道德的作用是什么？在钱穆先生看来，即"成"，成己、成人、成物。"人之在世，行忠则为忠臣，行孝则为孝子，行善则为善人，行一切德则为一有德之人。为忠臣、为孝子、为善人、为有德人，此之谓'成己'。不仅他之一己完成了，同时亦可完成他人，与一切外物。自有人生，直到今天，一切完成，则皆由诸忠、孝、善、德来。若其人不忠不孝、不善无德，此人在世，绝对不能有所完成，而且必然会有破坏。破坏了他自己，也破坏了他自己以外之别人。若使人类全部是不忠不孝、不善无德，则不会有今天的人类。而且天地间，亦不会有人类之存在。只有忠孝善德，可以长留在人世间。只要此人世间存在，此诸忠孝善德，必然会存在。而且正惟此诸忠孝善德之存在，故使此人世间获得永久存在。"①

---

① 钱穆：《中国文化丛谈》，《钱宾四先生全集》（44），第114页。

　　道德的作用首先在于成就自己，人们通过自身的德性成为有德之人，这是人生追求的最高境界，人在此种境界中因为心灵的完满无缺而别无他求，最终能够成就一个"完满"的"我"。人的社会性决定了人的生存与发展必将与他人产生交往、发生联系，人们通过自身的忠孝善德，分别可以成就君主、父母等与自己有联系的"他者"，这就是成人。世界是一个物质多元的集合体，只要人们心存善念善德，便能够感化和滋润身边的万世万物，这就是成物。人们通过道德所影响和波及的范围逐步扩大，直至周围的一切都受到道德的滋润，这就是成一切。这是中国人之于道德的作用，即通过一己之德性的践行以及人伦的规范，成己、成人、成物、成天下。

　　如何"成己"与"成人"呢？

　　第一，通过注重个体的修养和学习以成己。中国文化强调以人为本，"修身、齐家、治国、平天下"，即强调个体在理性自觉的基础之上，以个人的修身、"成己"为基元，扩充至家庭、国家、社会、天下，最终通过自身的道德情感、道德信仰、道德品质以及对道德规范的自觉遵从，形成社会普遍良好的道德氛围。按照儒家孟子的说法，人性是天赋的，是不学而能、不思而成的，但在现实生活当中，人们的许多道德情感和道德规范都是通过与外界的交流感知的，即需要通过对他人、社会等方面的学习获得。"学于人，乃成己。使外无所学，则己何由成？先学于家，乃成一家之己；次学于乡，乃成为一乡之己；继学于国，斯成为一国之己；再学于天下，则成为天下之己。所学有大小广狭。要之，己则为之中心。学于外，以成其内。学犹食也，食于外，以长养其内。物质的则为食，精神的则为学。合内外以成己，则如此。"[①]　所以，在钱穆先生看来，"己"是相对的，是相对于"家""国""天下"的"己"，是要相对于"家""国""天下"并存在于其中的"己"，是具有特定角色身份的"己"，是需要通过个体修养和学习来成就的"己"。

　　第二，通过注重人与人相处之道以成人。中国文化以人为本，但这个"人"不是仅指每一个孤立的人之个体，人生必与人相偶，与他人产生关系，我们每个人也即相对地拥有了各自多重角色的身份，所以才会产生"五伦"。人们明确了与他者的关系，进而也就明确了对家庭、国家、社会、

---

① 钱穆：《晚学盲言》（下），《钱宾四先生全集》（49），第 1054 页。

天下的道义和责任。所以，中国文化的人文精神，既注重个人主体，也注重人群之群体相安相处之道，也就是强调人与人相处的道德，形成对他人、家庭、社会、国家的责任感和使命感。正如钱穆先生所言，"人心同，斯道义与责任亦同。故道义之与责任，乃人心所同好同安，则亦以自为我心而已。人人如此，则民德归厚，而人生之真意义真价值自显"①。

第三，"成人"也即"成己"，"成己"也即"成人"。在西方的价值观念中，"人"和"我"总是呈现一种敌对的状态，人们更加强调自我权利与自由的实现，所以"成人"和"成己"似乎是相互矛盾的。在中国，群体由个体和合而成，群体中包含个体，人们重视群体当中每一个个体，也注重个体集合而成的群体，"故中国乃一'氏族社会'、'宗法社会'，个性、群性乃得兼育并长"②。"修己以安人""修己以安百姓"的"人我"价值观使得"成己"与"成人"成为一组相辅相成、相互促进的价值。人们能通过内在的修身更具奉献精神和道义责任感，也能通过外在道义责任行为的彰显更加认同自我道德的价值和意义。从这个角度来理解，中国文化的人本位、道德本位，最终指向的是我们一个个"自己"，"各为其己，守己位，行己道，而家自齐，国自治，天下平亦如此。然则'人本位'即'己本位'"③。例如中国的孝观念，人们顺应自己的孝善之本性向父母尽孝，善事父母表面看来是父母获益，但内究其实，是为己，为己能成就孝德、成为孝子，人有其德，外得于人，内得于己。其他德性也是这样，为人也即为己，成人也即成己。同样地，为己也就更具为人的精神，成己也能更好地成人。

三 中国传统道德的特征

1. 人文精神

钱穆先生沿袭传统儒家人文主义精神特质，认为中国传统的文化观和道德观首先以人文为中心，即以人文精神为特征。牟宗三引孔子"文王既没，文不在兹乎"，将儒家传统思想解读为人文主义，他认为，在"文王既

---

① 钱穆：《晚学盲言》（下），《钱宾四先生全集》（49），第706页。
② 钱穆：《晚学盲言》（下），《钱宾四先生全集》（49），第695页。
③ 钱穆：《晚学盲言》（下），《钱宾四先生全集》（49），第1052页。

没，文不在兹乎"中的"文"是人性通晓神性所得到的理性，孔子所说的"道"，不像西方宗教式的，也不像西方哲学式的，而是以"文"为道统，以"斯文"为己任，所以将孔子的"文统"立场称为人文主义。正如古人所讲的"人文化成"，恰是儒家人文主义的确证。① "何谓'人文'？物相杂谓之'文'，人文即指人群相处种种复杂的形相。'物'又指种类言，可见大而至于血统不同、种姓各异之民族并存，亦已包括在中国古人此一人文观念之内。"② 根据钱穆先生对人文的定义，可见"人文"的含义主要包括以下几个方面。

其一，以人为本，突出人的主导地位和作用，始终把人作为一切的中心。"所谓以个人为中心，以人为本位，则是以个体修身为基元，达到齐家治国平天下的一贯理想。"③ 这便是中国文化精神，也是中国道德精神。由此可见，在钱穆先生那里，将"人文"作为中国传统道德的中心和特征，始终强调以人为本，强调道德以个体修身为基元，这一理念具有化育民众的作用，并且在功能方面，能够代替宗教的功能。

其二，强调人类活动以及由人类活动所产生的文明和文化对人、事、物的作用。"人同人的种种花样，这是一个自然的体，也是一个文化的基础。从这上面来化成天下，这是一个理想的世界，这是一个人生最高的文化理想。"④ 中国古代的文化观，以"人文"为体，以人文"化成天下"为用，重人事、重人道。人与人在社会中相处，虽然相形各异，却能化解彼此种种差异和屏障，安然相处，这便是人们相处的道理，人们将这一道理推扩放大至天下，便可以化成天下。

其三，强调由"己"到"群"的群体精神。正如钱穆先生所言，"中国人由修身、齐家而治国、平天下，只是'吾道一以贯之'。家与国与天下，范围有大小，但同样是一'群'，同样只是'人'相处。各个小己则决然不能离群而独立"⑤。这意味着中国传统道德既重视个体道德的实现和完满，也注重个体汇成之"群体"生活的相安相处，个人是"群"中之个人，群

---

① 牟宗三：《道德的理想主义》，吉林出版集团有限责任公司，2010，第 8 页。
② 钱穆：《民族与文化》，《钱宾四先生全集》（37），第 5 页。
③ 郭齐勇、汪学群：《钱穆评传》，百花洲文艺出版社，2015，第 41 页。
④ 钱穆：《民族与文化》，《钱宾四先生全集》（37），第 73 页。
⑤ 钱穆：《民族与文化》，《钱宾四先生全集》（37），第 10 页。

体是由个人所组成的，除此之外，中国人文精神更将群体的社会范围扩大至"天下"，"中国人的社会观念，乃以天下为终极，即是以全人类为最高量；而此道之所寄托表现而发挥充实光大之者，则在各自之小己，即是仍在人身上"①。这种由小己之我，到群之社会，再到大群之天下的人文精神彰显出中国传统道德由"己"到"群"的群体精神。

2. "人道"精神

钱穆先生认为，文化的主体是人类大群，中国文化中理想的人不可能脱离群体生活而独立生存，其必须是大群中的人，所以人的生活必须面临与他人的交往，这就进一步规定了我们每个人都对他人有相对的义务和责任这种义务和责任也可理解为"道"。中国文化中的"道"，本于人心，每个人的人心都是平等和自由的，所以每个人的道也是平等和自由的。钱穆先生所谓"人道"、"人道"精神，并非西方语境下的"人道"，其所指为个体之人之"道"以及人与人交往之"人道"。可以从钱穆先生关于"人道"精神的相关阐释中了解到，他所谓"人道"，一方面指个体心性道德；另一方面指对个体心性道德的扩充，是我们现在所理解的人与人相处、人与人交往、人与人产生关系的伦理层面应具备的"道德"。也就是说，中国传统社会所重视的道德，不仅重视个体心性层面的内性之德，也注重人与人相交之伦理，这符合中国"修身、齐家、治国、平天下"之传统道德和伦理范畴，涵盖了人们生活的各个方面，既能够完善圆满个体内己，也可以调节人们的社会交往和社会关系。根据钱穆先生的理解，"人道"可以概括为以下几个方面。

其一，"人道"从个体自身角度来讲，是"尽己之性"的心性道德，心性论不仅是道德的基础，一切道德都源自人之本心、本性；更是道德的形上依据，一切道德也必须符合和服从本心和本性。这主要强调道德是人的内在精神价值追求，以及个体的道德行为需要建立在自尽己心、己性的内在心性修养基础之上。这里的"人道"指人的仁心仁性，是人基于性善的本性所生发出的善心善性和善行，是道德之于个体层面的表达。

其二，道德从人际交往层面来讲，也指"人与人相处之道"，这就是"人道"。"中国人很早便确立了一个'人'的观念。由人的观念中分出

---

① 钱穆：《民族与文化》，《钱宾四先生全集》（37），第11页。

'己'与'群'。但己与群都包含融化在人的观念中，因己与群同属人。如何能融凝一切小己而完成一大群，则全赖所谓'人道'，即人相处之道。"①首先，人与人相处应该知道忠、恕、爱、敬。中国文化绵延数千年，历史长河中无数思想家都展现出其对道德德性的认同，阐释其由"心"而发的"人与人相处之道"。孔子常讲"忠恕"之道。孟子常讲"爱""敬"之道，"爱""敬"合一，这也就是"仁"的体现。其次，人们应该知道彼此之间的交往关系是双向的、相对的，而非单方面的。儒家强调"己所不欲，勿施于人""己欲立而立人，己欲达而达人""推己及人""换位思考""将心比心"，更要具有"仁民爱物"的精神。最后，人与人相处，应重于"存心"，即道德不应该仅重视形式，更应该重视其实质。中国人讲道德，往往重视一个"心"字，这个"心"，从精神层面而言，可以说是专属于人的范畴，人们之间可以超乎肉体界限而直达内心，做到心心相通，人我相通。孟子说："仁，人心也。"（《孟子·告子上》）人心的理想境界是"仁"，人与人的相处通过"仁"连接相通，"恻隐之心，仁之端也"，这种仁从人与人之间的同情心、同理心中生发，更能展现人与人相处之道德的真实性和真诚性。

3. 宗教精神

中国传统文化以儒家思想为核心，儒家思想以道德为核心，对于儒学与宗教的关系，或者说对于儒学到底是否可称为宗教这一问题持肯定态度的见解大致有两种。一种是以唐君毅、牟宗三等现代新儒家为代表的"儒教"派，他们在自己的著作中均针对儒学宗教性这一问题发表了自己的见解。他们认为，儒学可以被称为宗教，但由于与西方传统意义上的宗教有一些区别，所以儒学不是一般或普通的宗教。唐君毅认为儒学与基督教、佛教等一般性宗教的不同之处在于，并没有超越性和神圣性的存在去指引人们追求超现实的人生，而宗教的根本并非至高无上的宗教神，而应该是超越自我的欲望，儒学虽不语"怪、力、乱、神"，但其具有使人"自安其身、自立其命"的超越自我的宗教精神，所以唐君毅将儒学归为宗教，但认为儒学并非一般性的宗教。牟宗三先生认为，一种文化的最为基本的内在心灵即为宗教，其不仅彰显文化的独特性，更是推动文化创造的动力。

① 钱穆：《民族与文化》，《钱宾四先生全集》（37），第10页。

也就是说，每一种具有代表性的文化都实有或应有其宗教性的精神内核。中国传统文化的宗教性所在即为儒家思想，牟宗三先生将其称为儒教。儒学为什么被称为宗教呢？第一，宗教的职责和作用之一就是对人的日常生活具有指导和约束作用，儒家思想通过礼乐制度和五伦关系约束和指导人们的日常生活。第二，儒家思想不仅能够指导人们的日常生活，更能指点人们的精神生活，启发人们在精神层面积极向上，这符合宗教的职责和作用。第三，宗教面对的最主要的问题就是人的终极关怀问题。人们所理解的传统意义上的宗教一般指基督教或佛教。梁漱溟先生认为，"所谓宗教的，都是以超绝于知识的事物，谋情志方面之安慰勖勉的"[1]。从"超绝于知识"这一点来理解，儒学所关注的都是人生现世现实的实在问题，所以儒学不能被称为宗教，但儒学以道德为中心，并且其以伦理本位的社会传统具有安慰、勖勉人心的作用，从此角度看，儒学又具有宗教的功能，所以就产生了"道德代宗教"的说法。在梁漱溟先生看来，儒学不是宗教，却具有宗教的功能，这种功能在西方是由宗教本身承担的，在中国则由道德承担。上述几位新儒家的代表人物，针对儒学是不是宗教这一问题，虽然在儒学的宗教本质问题上有所分歧，但其均认为，儒学在中国具有宗教的功能，起到了宗教的作用，即承认和认可儒学在信仰层面的宗教特质，所以，中国传统道德的特征之一是具有宗教精神。

在中国传统道德蕴含宗教精神这一问题上，钱穆先生首先强调："中国文化中虽不创生宗教，却有一种最高的宗教精神。我无以名之，姑名之曰'人文教'，这是人类信仰自己天性的宗教。"[2] 这种宗教精神来源于人的心性修养功夫，来源于人们对自身道德德性的信仰和践行。钱穆先生借韩愈《原道》篇中的"由是而之焉之谓道"（《原道》），将"道"解释为由这里到那里的一条道路，并将其引申为人生达到希望和理想的一番行为，并进一步引《原道》中的"足乎己无待于外之谓德"（《原道》），认为"德"即无须借助其他条件，自我的一种完备和满足状态。这里明确了中国人所谓"道德"，是每个人都具有的一种无须借助外界条件而完备满足的状态，并能够按照使其人生达至希望和理想的标准而行为，如果每个人都能如此，

---

① 梁漱溟：《东西文化及其哲学》，商务印书馆，2010，第105页。
② 钱穆：《中国历史精神》，《钱宾四先生全集》（29），第152页。

则国家社会，也可以如此。比如孝，人们想要行孝，这便是孝道；如果想行孝道，不需要外在条件的帮助，这便是孝德，人心具备了孝德，循而行之，这便是孝行。这在中国，不是一种消极的被动结果，在人们的心中，是一种信仰，道德的信仰。所以，钱穆先生将这种中国特有的信仰称为"人心教"或"良心教"，即人们行事对人对物，都由己心生发，以良心为出发点和依赖，以人心之善和良为信仰，培养德性和人与人相处的大群之道。

第三节　道德教养论

一　道德教育

中国传统文化传延至今，非常重视教育。教育为"立国之本、善群要道"，具有传递和分享社会文化价值的作用。在钱穆先生看来，教育首先源自"立国"的需要，需要通过教育培养人们的立国精神，进而推动国家的发展和进步。其次源自"树人"的需要，需要人们通过对道德观念与伦理规范的习得和传续，树立、健全理想人格。钱穆先生以中国绵延数千年的历史传统和文化为基点，认为任何一个国家或民族必定有其特殊的教育理念和方式，这种教育理念和方式与其特定的历史文化相契合，方能使民众对国家忠心爱护，民众之间团结一致，不相离散，国家发展绵续悠长。在中国，传统文化教育成为特定的教育理念和方式。钱穆先生从教七十五年，始终秉持着传统文化教育观，意在使国人能够重视和传承中国传统文化，培养出对国家发展延续有用之人。

中西受不同文化特点的影响，其教育呈现不同的价值趋向。钱穆先生认为，西方的教育价值表现在国家的、宗教的和个人享乐三个方面。也就是说，在西方，教育一方面是柏拉图、亚里士多德所主张的用于维护国家政治的工具，所以教育是为国家服务的；一方面是为了西方人所信仰的基督教会而服务，所以教育具有宗教价值；还有一方面，教育被视为个人习得知识及技能，获取职业选择、择业自由以及生活享乐的手段，这体现了教育的个人价值。由此看来，在西方，教育的目的在于传授知识，这种唯智主义知识论传统，使得教育的价值似乎都只停留在工具或手段的层面，对于个人而言，人们更多的是把教育当成获得一己之私利的手段和方法，人人都为一己之私，就会造成激烈的竞争，教育的功利、享乐意味着浓厚。在中国，传统思想以儒家思想为主导，其教育理念、方法也受到儒家影响，"孔子和儒家，是最看重道德教育，人格教育和文化教育的"①。所以中国传统文化最重道德教育，认为好的教育的目标不仅在于传授知识，更重要的是以德育为本，育人学以成人。

1. 德育为本

中国传统文化以儒家思想为核心，这决定了中国传统教育理念为人文主义教育，其从人与人性的角度出发，以每个人的人格塑造为宗旨，目的在于"教也者，长善而救其失者也"（《礼记·学记》），即强调教育的基础和核心，是教以为人、培养品德、培养完整理想的人格，以人人皆可得的"道"为最高价值和追求，以每个个体的人格完善为最终目标，帮助学生树立正确的道德观、人生观、价值观。在中国，道德教育为教育的最高境界，知识教育从属于道德教育，是道德教育的一部分。钱穆先生一直秉持这种人文主义教育理念，他强调中国之知识教育必以德性教育为基本，亦以德性教育为归宿，教育学生如何做人，即注重学生的德性培养，这是中国传统教育的特殊理想和特殊精神。先圣孔子说："志于道，据于德，依于人，游于艺"（《论语·述而》），即在塑造人格道德品质的基础上，再学习"礼、乐、射、御、书、数"六艺。孟子同样强调德性教育的重要性，并强调道德教育的主要内容为"教以人伦"，认为如果人人都能明人伦、行仁义，社会就能够安定和谐，这是将道德教育与个人的修养、社会的治理结合在一起。荀子以"人性恶"为理论起点，提出"今人之性恶，必将待师法然后正，得礼义然后治"（《荀子·性恶》），即人天生而来的恶性，只有通过德性教育才能够"化性起伪"、变恶为善。汉代董仲舒提出"任德教而不任刑"（《汉书·董仲舒传》），意在向汉武帝强调道德教育的效力应高于法治，并指出德育教化意在教化人心、以德相服。王阳明提出："致良知是学问大头脑，是圣人教人第一义。"（《传习录》）可见，其所推崇的教育也是关乎道德、德性的教育，并且把德育作为教育的目标和宗旨，是教育的头等大事。钱穆先生承袭了儒家一以贯之的德育精神，认为中国传统教

① 钱穆：《中国历史精神》，《钱宾四先生全集》（29），第107页。

100

育的基本精神在于教人具备应有之德，这些德性如孔子所倡之"仁"，孟子所谓之"善"，《中庸》所言之中庸。这种教育，关乎个人，却不囿于私己之利的价值追求；关乎国家，却不陷于政治统治的工具和手段；关乎信仰，却不将希望寄托于虚无之彼岸。所以，"中国传统教育理论，超乎上帝、国家与个人之外，而亦融乎上帝、国家与个人之内"[1]。这里凸显出中国教育以德育为本，区别于西方教育之所在。

2. 学以成人

钱穆先生注重德教，但并未忽视为学，认为"为学与做人同属一事"，正如"君子尊德性而道问学，致广大而尽精微，极高明而道中庸，温故而知新，敦厚以崇礼"（《中庸》）。钱穆先生认为，道德品性是人人都具有、人人都涵养的，这也是为学之人最应该学习的，因为只有在人人共通的德性问题上，才会有大学问，只有学习到人人德性的普遍处，才得以"致广大"。做人与为学相辅相成，学习做人的德育过程就是为学的过程，在做学问的过程当中也可以做到德育、文化自我，只是需要注意，在做人和为学的价值排序上，前者高于后者。所以钱穆先生所强调的"成人"，重点在于培养人们的道德品行，除此之外，也注重人们将德育与智育相结合，教育的具体目标是培养出具有浓厚人文素养的通德通识型人才。教育首重人格，次重知识，在人格培育的基础上，注重通识培育，使人德智兼备，这是中国教育的优良传统。

通德可谓之仁，通德教育是一种人格教育，注重人人皆可具有的为人之德。"故中国人之教育宗旨教育精神，主要乃为一'全人'教育，首在培养其内心之德，苟其有德。则其对人群自必有其贡献与作用。"[2]要想培养对大群社会有贡献的"全人"，首先需要培养内心的道德德性，以理想人格为目标，这是人们成为文化人、理想人的基础，是人们扮演好所处家庭、国家、社会角色的前提，处理好自身与家庭、国家、社会交往的重要条件。通德的"通"字主要是相对道德教育可以使人人相通德而言的，如前文所述，道德内本于每个人的内在心性，是每个人都可以具备和彰显的，这是每个人都具有的道德潜能，道德教育可以使得人们的道德潜能被激发，每

① 钱穆：《政学私言》，《钱宾四先生全集》（40），第206页。
② 钱穆：《现代中国学术论衡》，《钱宾四先生全集》（25），第205页。

个人意识到其内在道德是相通的，如"入则孝，出则悌，谨而信，泛爱众而亲仁"这样的道德品质，是每个人都能够意识和践行的，并且也都能够通过他人的言传身教转化为个体自身的道德认识，内化为道德认同，外显为道德实践。以道德规范和约束自我的心性和行为，是每个人在为人处世当中都需要的，所以基本的道德素质和行为规范，也是每个人都需要具备的。这样才可以帮助人们更好地成就人格和人生。由于中国传统教育将育人以德放在首位，所以其还有一个鲜明的特点，即特重师道，师道以"明道、育人"为宗旨。中国教育中"师"的概念，不仅常与"传道、授业、解惑"联系在一起，还常与"圣人""君子"联系在一起，为人之师最主要的是具有高尚的道德品质与品行，"身正为范"，对学生的道德品质与品行起到指引和模范作用。由此可见，中国传统重"师"道，实际上还是重"人"道，道义性质远重于其职业性质。对"师"的要求首先即是尽己之性、尽性成德，进而才能更好地尽人之性、教人成德。

通识可谓之智，是一种实用主义的教育，强调在知识教育方面，贵通不贵专，学问间能够融会贯通，通识教育是一种知识教育。钱穆先生认为，学者如果掌握知识单一，虽其在此一小专业上精通，但其在知识面之广泛意义上狭隘而局限，使其概览不到知识之全面，并且会使所得知识呈碎片化分裂状态，不甚完整。这必然会限制学者的眼界和见识，产生隔行如隔山之感。所以，很有必要提倡通识教育，这种教育是学生通过对多种学科知识的接触，对分门别类的知识有一总体把握，渊博其基础文化知识，并能在跨学科的思想交流和碰撞中，产生问题意识和独立思考的能力，为己所用，全面而深刻地掌握知识，完善知识面。

毫无疑问，对中国传统文化知识的教育为钱穆先生通识教育当中的重点。中国传统文化作为中华民族大群绵延生活的体现，内涵深远，钱穆先生在探讨文化的要素时，将文化要素列为经济、政治、科学、宗教、道德、文学和艺术等七种，所以，传统文化的教育本身也是一种通识教育。除此之外，人们对智识教育的理解，如果仅仅停留在其能够增加人们知识、技能方面的储备层面，那么这种理解与西方功利、享乐性的智识教育观似乎没什么区别。钱穆先生认为更好的智识教育、智识学者，不仅将智识理解为自我谋生的工具，更需要将其转化为能够帮助人们更好地理解自我、实现自我价值和意义的桥梁，能够通过智识工具性的价值投射反映、直面人心，去深究自我实现和完满更加需要的东西。所以，中国传统通识教育仍然是以通德教育为基础、指导和目标的。

钱穆先生作为一名教育学家，认为中国文化非常重视教育，中国文化在教育方面将道德教育放在首位，始终强调教育的首要任务在于"教人以德、教以成人"，在此前提之下，倡导智识教育的通识性，这就是通德通识教育。钱穆先生不仅倡导通德通识教育，更在其之后的事业——新亚书院的教育中，选择"诚明"作为校训，"诚"字是属于德性行为方面的，是一项实事，一项真理，与做人相关；"明"字是属于知识了解方面的，是一番知识，一番了解，与求学相关。① 可见钱穆先生无论是在其治学还是教育生涯中，始终秉承"做人与为学并重"的宗旨。

二 道德修养论

在中国，提到道德，必定会提到道德修养，道德修养是中国传统道德精神的重要支撑。在中国传统儒家思想中，道德源出于天命之性，具有"恻隐、羞恶、辞让、是非"之心，是人天生所应具备的一种能力，但反观现实，也需要反复地对道德进行涵养、对所应具备的其他德性进行培育，这就是道德特有的培养方式，也是中国必要的道德进化路径。

道德修养总是需要指向某个目标，中国人的道德观念总是以理想人格为最高目标，希望通过这个目标，指引人们通过个体的道德修养形成道德人格。"中国人的理想人格之最高表现便是'圣贤'。我们的心性修养，是把自己的心投进里面去，使自己也可以接近圣贤而真成为圣贤。圣贤不是现成的，原有理想与工夫，这套工夫到家了，与理想融成一体，就是工夫和本体打成一片，行为和知识打成一片，自然与人生打成一片。讲到这一步，不必再讲'道德'，而最高道德已活现在我们心里了。"② 可见，在钱穆先生看来，道德修养的过程，是将理想人格内化并且与自身融为一体的过程，在这一过程中，人们不断地强化道德信念和道德理想，最终使形成理想人格成为可能，道德修养的意义和价值也就实现了。

---

① 钱穆：《新亚遗铎》，《钱宾四先生全集》（50），第75~76页。
② 钱穆：《民族与文化》，《钱宾四先生全集》（37），第176页。

1. 养心性之德

"心则是人之主宰。欲知如何为人，须先知如何'养心'。"① 钱穆先生认为道德修养的第一步应是每个道德主体需有道德的自觉，即从自我内在心性层面存养其德。养心的前提首先是"知心"，"能知此心，斯知为人之道；能养此心，斯能真实践履此为人之道"②。"知心"既要知己心，也要知彼心，这就是说，人要知自己的心，也要知与己相交的他人之心。中国人言心必言性，言性必言德，所以中国人养心养性必定重视养心性之德。

钱穆先生特别重视道德的心性修养，先生"所瞩目的心性之学特别注重人格的自我锤炼与完善，旨在追求和塑造一种完美的理想人格"③。钱穆先生结合西方弗洛伊德的"精神分析法"，指出人性之中确实有"潜意识"的存在，潜意识即沉积在人心深处的意识、欲望和冲动，这种意识有好的潜意识和坏的潜意识之分，道德和道德修养的作用就在于抑制内心不合理的潜意识的生发，让人能够有一种内在的自控能力。所以，道德修养需要"静坐""居静""无念""存理去欲"以存养心德。在中国文化中，道德修养更需要通过游历祖国山水和读书获得。游历祖国大美山水，犹如游览中国艺术化的历史文化，可以通过山水景色中的自然和人文气息，陶冶人们的性情和情操，读书可以使人更加明智，并且领悟人生真谛。

"《大学》云：'为人君，止于仁。为人臣，止于敬。为人子，止于孝。为人父，止于慈。与国人交，止于信。'此乃中国人所讲人文修养之主要纲领"④，也就是中国传统心性之德最为主要和具体的内容。何以能养心性之德？钱穆先生赞同周敦颐提出的"主静立人极"的说法，认为"静"是养德的主要方法之一。主静即能"无欲""寡欲"。"人有'欲'，则动而向外，孟子称之曰'放心'。心放在外，则'性'亦渐失而不见。故曰'存心养性'，先存其心，而后性有所养。静则心不动而存。"⑤ 由此可知，静能使人的内心不轻易受到外事外物的侵扰和影响，自静己心能够使人不动而存心，不动而寡欲。"静"还能养人心之性与情，情与欲相对，涵养人心之正

① 钱穆：《人生十论》，《钱宾四先生全集》（39），第 247 页。
② 钱穆：《人生十论》，《钱宾四先生全集》（39），第 247 页。
③ 陈勇：《钱穆传》，人民出版社，2001，第 332 页。
④ 钱穆：《民族与文化》，《钱宾四先生全集》（37），第 50~51 页。
⑤ 钱穆：《晚学盲言》（下），《钱宾四先生全集》（49），第 1472 页。

当、正直的性与情，那么，人之所欲就能够归于正、发于正。情为欲之本，如果人心不自静，那么其性情就会失去正确、正当的方向，进而引导所欲失正、所欲无穷，如果最终所欲不能被满足，就会向不好的方向发展。所以，人养其心贵在一个"静"字，心静则心纯，心纯则欲寡、欲净，这样，人心不过多地受到外部事物的纷扰，就能更加准确恰当地认识到自己的内心，将心安于"德"、安于自己的道德修养。除此之外，钱穆先生认为"减"也不失为养德的方法之一。这种"减"也是相对人的私欲而言的。如果人们在面对欲望的时候，能够对私欲做到"减"，不盲目助长私欲，对于财富权力的欲望没有那么强，那么人性本来的样子就会恢复，人们就会增加对待世界的同情，内心的德性也就会被唤起。

在钱穆先生看来，中国传统文化非常重视心性修养和道德实践，重视圣贤人格的培育。所以在钱穆先生的文化道德思想当中，始终强调人心之德的养与修，强调要将人心安放于德性修养之上，比较不足之处在于，钱穆先生更多的是强调德性修养的重要性，对德性修养功夫并未有过多的论述。

2. 践行为之道

马克斯·韦伯认为中国文化是一种"实践理性主义"的文化，这种文化的特点是人们得以通过自有的文化使其为"我""纯粹实用"。这一认识也得到许多的认同。中国文化崇德重德，更加注重道德的实践和践行。德则其心性，道则其行为，中国人讲道德修养既注重道德的内在心性，也注重道德外在的行为实践，德性以及道德的实践都是对人本身自然本性的超越。道德不仅是观念层面的，更是源于生活并需要指导实践的，道德是主体的内在自然心性，也是主体外在的行为实践。中国传统观念中的道德实践，可以理解为在人之本性之善的基础上，对内在德性的外在表现形式。同时，人们能够根据内在德性的外在行为实践，进一步内化未有德性、强化已有德性。"这里钱穆确认和凸显了儒学作为'内圣之学'的基本特征，认为儒家的心性之学是一种道德的形上学。"① 所以钱穆先生非常重视道德的实践，认为中国传统道德是人们在不断的实践当中体悟、体验到的，中国文化精神便是人们的这种对道德的躬行实践和体悟。此外，"通过人的道

---

① 陈勇：《钱穆传》，人民出版社，2001，第331页。

德践行工夫即人的道德体验工夫，不仅可以实现人向善的本性，而且还可以上通天道，与宇宙为一体"①。

"践"即"践行"，什么是践行？在钱穆先生看来，眼睛能够看到东西，耳朵能够听到东西，即耳目之性，是天命自然，目思明、耳思聪，眼睛想要看得清楚，耳朵想要听得明白，就是"践行"。由此可见，钱穆先生所理解的"践行"，就是发挥事物本有的特性，使其功能能够更好地展现，这与我们在一般意义上把"践行"理解为实践和实行有不同之处。践行体现在人们自身则可以帮助实践发扬人性，根据儒家传统人性思想理解，即发扬人的自然善性，也即实践发扬人类文化之道德精神，最终达至至善。所以要想发挥自我之性，必然要从物质上来实践，这是尽性之始，也是至善之始。

钱穆先生认为，人世间人的样态复杂多样，会随着环境、时间、地点等不同，展现出不同的道德面貌，所以人们的道德修养方式也不尽相同，但我们仍需在这纷繁复杂、形形色色的道德修养方式中，找出其共通点。或许，可以从《中庸》中寻找答案："天下之达道五，所以行之者三。曰：君臣也，父子也，夫妇也，昆弟也，朋友之交也，五者，天下之达道也。知、仁、勇三者，天下之达德也。所以行之者一也。"（《中庸》）由此可以看出，天下之共有的"人伦"关系不外乎君臣、父子、夫妇、兄弟、朋友之五伦，人与人交往不外乎会产生这五种关系。而天下共通的德性即知、仁、勇三种，知、仁、勇三达德也是实践和履行"五达道"所必备的道德。

"知"所指的是智慧，并非知识，知识是一种外取的资源，无穷无尽，知识也具有特定的指向性，特殊的知识具有其特殊的用途。智慧是人所具备的一种能力，也可以说是天赋能力，有了智慧便能够使人明智，明辨是非善恶。"仁"是人伦至上要道，是人与人相处最为基本、最为必要的道德。"勇"即勇气，无所畏惧。《中庸》又云："子曰：好学近乎知，力行近乎仁，知耻近乎勇。知斯三者，则知所以修身；知所以修身，则知所以治人；知所以治人，则知所以治天下国家矣。"此即知、仁、勇三达德的三种修养方法，这三种方法是人人都能无条件践行和实现的。人若好学不见得即是知（智慧），但可以破除自己的愚钝和愚昧。因为人如果不通过好学来

---

① 陈勇：《钱穆传》，人民出版社，2001，第331页。

激发和精进天赋智慧，则容易沦于愚昧，学能够使人去愚近智，所以说"好学近乎知"。"力行近乎仁"，力行即尽力而为，即自尽己心、自尽己性，尽力履行自己的职责，尽力做好自己的本分。"知耻而近乎勇"，勇即坚强不畏难的精神，勇源自人们不甘懦弱的知耻之心。达到"知、仁、勇"三达德的"好学、力行、知耻"，对于人来说都是"足乎己而无待于外"的，是无须外界条件即可获得的，所以，这就是修养和培育"知、仁、勇"的必经之路，也是中国人道德修养和道德实践的必经之路。

三　道德境界论

钱穆先生持一种典型的人文主义道德观，其道德相关理论总是以人生为出发点并且围绕人生进行谈论。钱穆先生所指的道德境界也就是人生境界。

1. 人生的本质——精神生活

在钱穆先生看来，人的生活大致可以分为"身生活"和"心生活"两部分。身生活主要指人自然生命的物质生活，心生活主要指人超越自然生命之物质生活的精神生活。这两种生活相通但不合一，也就是说，人们由身生活可以通到心生活，由心生活可以通到身生活，二者相互联系、相互影响；但身生活不就是心生活，心生活也不就是身生活；心生活是人们生活的目的，身生活是人们生活达到目的的基础，没有身生活，就不会有心生活，没有心生活，身生活的意义和价值将无从体现。所以，在人们的生活当中，心生活居于更加重要的位置，身生活相对而言次之，但二者缺一不可。那么，二者对人生影响的主次之分是怎么体现的呢？

钱穆先生认为，首先，身生活是暂时的。一般性的物质都会随着其实体的出现而出现，随着实体的消失而消失，身生活的延续主要受到物质实体的给养，物质实体在人身之实体的存在只是暂时的、限时的，会随着时间的消逝而消失，进而以新的物质实体补给替代，久而久之，循环往复，这是自然规律。由于身生活的满足是暂时的、不保留的，所以人们总会觉得不满足。其次，身生活总是肤浅的，因为满足人身之自然物质欲望，相当于满足人体最基本的自然需求，因为这种需求人人都相同，甚至人兽都相同，不存在高级与低级区分，所以，身生命的满足相对而言是较基础、较肤浅的。最后，身生活的目标是人体生命的存续，以健康长寿为追求，这在某种程度上来说与机器有很大的相似之处，机器的价值和意义在于延长自身的使用寿命，为人类提供更多的服务。综上，身生活对于人们而言有其特定的作用，但没有心生活之于人们的意义显著。身生活是人们进一步实现心生活的基础，但不是人们生命的目的之所在。相较于身生活，心生活之于人生具有能保留、能积存的特点，使得人生的思想、意识、观念、习惯成为宝贵的精神财富，赋予人身本体心灵生命和精神生命，具有精神价值和心灵价值，使得人生的追求不仅限于自然物质需求的满足，更上升为超越于物质的精神层面的完满和富足，这种在精神层面对于人的影响更为深入和长久。所以，中国传统的人生观看重以精神生活为本质的人的生命的满足和延续，不求过度依靠和依赖主体之外的物质条件，甚至乐于、安于对外部物质条件的摆脱，人生的意义和价值不在主体外部的"富贵"或"贫贱"，而在于己心，在于主体精神世界的满足和圆满。

由钱穆先生对"身生活"与"心生活"的区分，我们可以认识到，对于人而言，外在物质条件往往是客观的，不尽能受到主体自身的控制和调节，但内在精神世界是主观的，可以受到自身的控制和把握，所以，中国传统的人生观讲求反求诸己、自尽己性、自尽己德，更着重精神生活和精神世界的满足。将能够满足精神世界的德性、人道置于人生至高无上的地位，人生以及主体道德追求以精神生活为目的和境界。正如杜维明先生所提到过的，人不仅是政治性、经济性的社会存在，更是具有文化性、历史性的精神实体，如果一民族缺少文化意识和历史意识，即便物质财富丰沃，但还是会显得缺乏灵性。[①] 所以，文化人生和道德人生的价值、意义在于以精神生活和精神生命为本质，在于追求超越物质的心灵层面的精神需求的境界，这是中国文化观和道德观所追求的理想生活和理想人生。这也是钱穆先生所理解的人生境界的栖身之所——心生活的完满和富足。

2 人生发展三步骤

钱穆先生认为，中国人的传统人生观将人生的发展分为三个步骤。

人生的第一个步骤为"生活"，其中包括人们日常的衣食住行，是人们生命存在的必要条件和手段，它的价值和意义在于维持人们自然生命的存养。古今中外，无论人们的日常生活发生何种程度的变化，物质水平发生

---

① 杜维明：《一阳来复》，上海文艺出版社，1997，第 408 页。

何种程度的提高，衣食住行层面的物质需求始终处于人们"生活"这一层面，涵养人们自然生活和生命的存续，另外，"人们是为了维持保养自己的生命才有生活，并不是人们的生命为着生活，而是生活为着生命。换言之，生活在外层，生命在内部。生命是主，生活是从。生命获得了维持和保养，才能有所表现"①。也就是说，生活为了人生。

人的生命，满足生活日常的衣食住行是基础，但不仅专注于此、满足于此，因为这样"与禽兽无异"。所以人生需要在温饱衣暖之外，追寻更高层次的人生意义，人生进而有了"行为与事业"，以期生命能有无限的发展，这是人生的第二个步骤。"行为"是指人们通过自己的劳动、职业获得满足自然物质的生命需要、维持生命需要特定的物质资料。"事业"是指：人生除却维生的职业之外，还有超乎一己职业的行为，它不仅是人们获取生活物质资料的手段，更是人们成就自身价值的一番事业。简单来讲，"行为与事业"在钱穆先生看来，就是"修身、齐家、治国、平天下"，其中修身、齐家是"行为"，治国、平天下是"事业"。人生的行为和事业有"消极"和"积极"之分，需要追求积极的行为和事业来达成人生的目的。所以，"修身、齐家、治国、平天下"之人生行为和事业，是人生发展的第二个步骤。

钱穆先生进一步谈到，人生的发展经过生活、行为事业之后，更需要进阶到终极的人生归宿问题，这是人生的第三个步骤。中国人讲的人生归宿问题不同于西方宗教的说法，中国人讲求的人生归宿，在于"圆满我的天性，完成我的天性，自会得到'安乐'两字做我们人生最后的归宿"②。人生的物质生活、行为和事业都是以人生的安乐为目的的。中国人对人性的理解都在于一个"善"字，这种安乐也与人性善有着高度的一致性，无论人生处于何种境遇，只要符合人性原本和应然的状态，就能让人心安、得乐。人性善在中国传统道德观中更为具体的表现即为德性，德性是支持和维护人生安乐的核心，所以中国传统道德观强调人们的道德追求是将人生安乐置于德性、德行之上。在钱穆先生看来，人生所经历的三个步骤，其一为生活，这主要是从物质文明层面来讲的。其二为行为和事业，是一

---

① 郭齐勇、汪学群：《钱穆评传》，百花洲文艺出版社，2015，第228页。
② 钱穆：《人生十论》，《钱宾四先生全集》（39），第146页。

种人文精神的具体体现，主要表现为修身、齐家、治国、平天下。其三则与精神性的人生哲学相关，与个体的德性性命相关。德性性命既是个体的，也是群体的；既具有个体性，也具有群体共同性，是一切人生的归宿之所在。[①] 所以在中国传统文化观念中，中国传统道德观念将德性性命、自身内部的完满自足视为人生安乐的归宿和最高境界，道德德性是中国人通往人生完满的条件和关键。

王晓黎认为，钱穆先生人生发展三步骤理论始终有一个思想的核心，即希望人们能够在生活之中摆脱物质欲望的牵绊，不断提升人生境界，在有限的生命之中达到不朽。[②] 人生发展三步骤的理论和前文提到的人生两种类型的生活是相对应、相契合的。可以将二者结合起来理解，都是以人身和人生基本物质生活为基点，以道德为指导，最终指向以道德精神为核心的精神心灵的完满、富足和安乐，这是中国人以道德安身立命之道，也是中国人人生信仰最高境界之所在及实现路径。

3 人生的理想境界——艺术人生

钱穆先生认为人生的理想境界和最高境界便是艺术人生。廖建平认为，钱穆先生所提出的"艺术人生"概念，是对中国传统文化、传统历史以及中国人人生经验的结果。[③] 钱穆先生在其著作《湖上闲思录》中对人生进行了讨论，他将人生分为精神的人生和物质的人生，并且认为精神人生与艺术、文学、道德、宗教等相关。[④] 他还对人生进行了程度分级，认为处于最低级别的为物质人生，较高级别的为与艺术、文学、科学、宗教相关的人生，最高级别的人生则为道德人生。中国人对于艺术人生的理想是能够达到自然与人文、情感与理性、精神与物质等多方面的统一，最终达到心灵安乐、通天人、和内外的理想境界。这种人生艺术化的最高境界，"人的德性和自然融合，成为一艺术心灵与艺术人生。中国文化精神便要把外面大'自然'和人的内心'德性'天人合一而艺术化，把自己生活投进在艺术世

---

① 钱穆：《人生十论》，《钱宾四先生全集》（39），第 148 页。

② 王晓黎：《钱穆与冯友兰境界说比较研究》，《云南师范大学学报》（哲学社会科学版）2009 年第 3 期。

③ 廖建平：《论钱穆的艺术人生观》，《求索》2003 年第 1 期。

④ 钱穆：《湖上闲思录》，《钱宾四先生全集》（39），第 111 页。

界中，使我们的人生成为一艺术的人生，则其心既安且乐，亦仁亦寿"①。

根据钱穆先生对理想人生之艺术人生、艺术境界的描述，可以知道这是钱穆先生所认为的人生最高境界，更是通过道德所能达到的人生最高境界。钱穆先生所认为的这种艺术人生境界的善和美的统一实际上是儒、道两家核心精神的融合，也就是在传统"天人合一"观念之上的儒、道思想精神的融合。"儒、道两家有同一长处，他们都能以极高的智慧深入透视人类心性之精微。儒家本此建立了中国此下的道德理论，道家本此引发了中国此下的艺术精神。"② 儒、道两家的区别在于，儒家思想较为偏重"人"、人事，道家思想更为偏重"自然""物理"，因此，儒家更为偏重于人生的道德实践，主张用人文的力量化育天地万物；道家偏重于人生的自然而然，主张因循自然本有的规律顺势而为或顺势无为。所以儒、道两家思想的结合，实质上表达了钱穆先生道德精神与自然精神的统一，或者说是德性与物质的统一主张，这在钱穆先生看来是万事万物的理想状态，对应到人身上，对应于人生，是人们追求的完满人生、安乐仁寿的人生。

可以见得，钱穆先生这种人生艺术化的最高境界，不仅明确了人生境界之内涵与要求，更暗含了达至人生境界的关键和重点在于实践、事功。

"自然界和人文界"的合一是人生艺术化境界，是将人的生命与自然融为一体、合而为一，这是一种人与自然融洽完满的理想境界，也可以说是一种天人相应。这种天人相应就是把人们的日常推衍到大自然的规律变化之中与之相适应，人们顺应自然规律的变化而变化，使得天人和谐相契。"这就是那人文参加进自然里面而演化成为一体了。此中有信仰、有希望、有娱乐，极富礼乐意义，极富艺术性，亦极富传统性，极富有关于民族文化信仰之启示性与教育性。"③

在钱穆先生人生境界论中，达成此理想的核心是"道德修养"，"中国传统文化，虽是以人文精神为中心，但其终极理想，则尚有一'天人合一'之境界。此一境界，乃可于个人之道德修养中达成之，乃可解脱于家、国、天下之种种牵制束缚而达成之。……能超越此境界而达于'天人合一'之

---

① 钱穆：《中华文化十二讲》，《钱宾四先生全集》（38），第 56 页。
② 钱穆：《中国学术通义》，《钱宾四先生全集》（25），第 35 页。
③ 钱穆：《中华文化十二讲》，《钱宾四先生全集》（38），第 117 页。

境，此始为有大德之人，中国传统则称之为'圣人'"①。也就是通过每个个人的道德修养将天与道合而为一的境界，正如张载所说，通过道德个体自身的修身养性，"为天地立心，为生民立命，为往圣继绝学，为万世开太平"，进一步做到人人有道、备德，以达天下大同与太平。

---

① 钱穆：《民族与文化》，《钱宾四先生全集》（37），第 49 页。

第三章　中国文化与道德的关系

中国作为四大文明古国唯一留存至今的国家，具有了绵延 5000 年的历史文化传统。中国文化不断融合丰富，成为世界上规模强大的文化共同体，并形成独具中国特色的文化体系。中国文化较其他文化最为突出的特质，就是强调"人为万物主体"的地位，以人为本，重视人的活动以及人的实践，人们通过伦理调节和约束自己的社会行为，规范与他者的相处和交往，通过道德确证和实现自身价值的需求。以伦理为本位、以道德为中心，成为中国突出的文化特质。形成这种特质主要是受中国思想占统治和主导地位的儒家思想的影响。在中国以伦理为本位、以道德为中心的传统文化中，将德性、伦理、道德与人们日常生活紧密联系，德性、伦理、道德源于生活并指导生活，强调人类文化和文化生活对道德的产生、发展具有的决定性作用，以及伦理和道德对人们生活的规范约束作用。

第一节　中西典型道德诠释路径析论

伦理学作为研究道德现象的一门学科，需要对道德的本质和基础这一问题进行研究及合理的解释。学者肖群忠认为，当今伦理思想当中，针对道德的本质和基础这一问题，主要有哲学反思的西学路径、意识形态论的马克思主义解释方法以及文化史观的解释路径。[1]钱穆先生讨论文化，重点突出了中西文化的比较差异，认为中国文化属于典型的农业文化类型，西方文化属于游牧与商业文化类型，由此，两种文化建立在经济的基础上，中国文化偏向于政治，西方文化偏向于科学。中国政治内倾，面对社会事

---

① 肖群忠：《论中国伦理的文化根基与诠释路径》，《新疆师范大学学报》（哲学社会科学版）2016 年第 5 期。

物，主要偏向于人世界，以个人的道德修养与人际关系的和谐发展为目标，中国文化以道德为主；西方文化注重科学外倾，面对自然物质，主要偏向于物世界，以对自然物质的索取和征服为目标，偏向于同样外倾的宗教。由中西文化的差异，我们可以区分中西文化的独特之处；根据中西文化的差异，我们也能够窥见中西文化对于道德诠释路径的分殊。钱穆先生将西方文化的核心归为宗教，余英时先生则将西方价值之源归为理性和宗教，两位学者都抓住了西方文化的关键和核心。受中西文化类型和特点的影响，西方比较典型的道德诠释路径中一种是以理性的思想认知为主的道德论，另一种是以宗教"神启"为主的道德论；中国文化以道德、德性为核心，文化本身以及文化的历史发展过程都离不开道德，所以在中国，比较典型的道德诠释路径即文化史观的道德论。

一　西方典型的道德诠释路径

1. 理性认知型的道德论

西方理性认知型的道德论受智性传统的决定和影响。古希腊极盛时期的苏格拉底认为应通过普遍客观的道德理性、严密的逻辑推演，在"逻各斯"中寻觅具有普遍性的真理。他认为人们的"无知"是造成不幸和错误的根源所在，所以提出"德性即知识"的命题，认为只要人们真正知道德性是什么，就能成为有道德的人，并且只有通过知识的指导，理性地看待人们诸如勇敢、智慧、节制等德性的外在表现形态，才能适得其所。德性即知识、德性即智慧，人们只有通过自身所具备的知识、智慧，才能理性地认知和识别真正的、普遍的善，用这种善的观念、善的知识，指导人们的行为合乎美德。在"德性即知识"的命题中，苏格拉底强调理性在道德中的决定性作用。苏格拉底的弟子柏拉图认为人的灵魂是以纯粹的理性为本质的，人的灵魂进入肉体之后会被欲望所驱使，灵魂进而被分为理智、激情和欲望。灵魂的理智部分具有"智慧"的美德，激情部分具有"勇敢"的美德，欲望部分具有"节制"的美德。其中理智支配着人的头脑，拥有理性思索、追求智慧、寻找真理的能力，对激情和欲望具有支配和指导的功能，所以灵魂的主导即为理智智慧。西方近代科学发展到 16 ~ 17 世纪，迅速发展进步，崇尚科学的理性精神。理性精神崇尚科学真理，尊重客观事实，注重自然理性，并强调对事物的理解和认识需要通过严格的论证来确认。笛卡尔的伦理思想以著名论题"我思故我在"为出发点，强调理性之于人思想和行动的绝对权威，理性是人生而有之的本质性存在，人们能够通过理性来判断、辨别事物的真假，要想进行理性判断，需要通过怀疑、分析和演绎推理的方法。斯宾诺莎同样坚持理性主义认识论，认为理性可以帮助人们控制自己的情感，并且可以帮助人们判断事物的好坏、善恶。对于康德来说，理性是其伦理学建立的基础，因为康德认为，所有的道德他律原则都未能从真正意义上揭示道德的价值，人们也不能由其找到道德的普遍性法则，只有理性是人的根本特质和道德价值所在，人从根本上说是理性的存在物，所以需要通过理性才能给自己立法，找到行为既普遍又必然的法则。

综上可以看出，强调思辨哲学的理性认知型道德论，建立在人的思想认识、理性反思以及逻辑推理的基础上，强调"思"之于生活的价值、意义和主导地位，并且把思想认识、理性反思看作人类一切实践活动的前提，认为思想先于生活实践，是一种通过人们的理性来规定人"应当"如何的生活范式。这种道德诠释路径认为道德起源于知识，起源于人们的理性认识和实践智慧。正如学者李建华所认为的，具有普遍必然性的道德命令和知识应当是先验、固有的，具有确定性、不变性和永恒性，是由"自明之理"出发，由逻辑推理得出，而非源于人们的内心情感或感性经验。① 通过人之理性的反思来把握道德的起源、本质、作用和功能，进而展现道德的应然状态，并生发出人们应该遵循的道德原则和规范。

西方理性认知型的道德论，是西方哲学反思思维模式的具体表现形式，在这种形而上学的哲学反思型思维方式中，以普遍的范畴和概念的逻辑推演为特点，人与自然的关系是认识论层面的，思想家们将目光聚焦事实存在背后本体意义上的逻辑追索，这样就容易陷入主观唯心主义的泥沼，使得认识脱离实践、人与自然相分。所以我们需要认识到，理性认知型的道德论更加注重伦理道德的哲学反思，将道德置于思想认识和理性反思的基础之上，但人们的生活不仅仅需要有思想层面的认识，更缺不了实践层面的感受，所以这种诠释方式容易落入唯心主义的思想窠臼，表现为一些抽

---

① 李建华：《从道德理性走向道德情感——近代西方道德情感理论述评》，《中南工业大学学报》（社会科学版）2000年第1期。

象的、形式的道德理性，产生道德认识与道德生活实际的脱节，道德生活理想混乱，道德认识不切实际，进而不能更加切实地指导和调节人们的现实道德生活、道德实践。

2. 宗教"神启"型的道德论

西方社会进入中古时期之后，宗教之天国成为人们寄托心灵的安身之所、精神家园，宗教之神成为至高无上的权威所在，人们心中的观念、律法皆源自绝对的宗教神圣，将自身对于宗教的信仰情感同化到对于道德的追寻中，道德价值取向与实践也源自宗教这一外在于人的终极权威。这种道德论在西方主要表现为神学道德哲学或基督教神学伦理学。对于基督教而言，《圣经》之"约"就是道德的来源之一，"十诫"是《圣经》之"约"的核心概念，"是耶和华上帝通过摩西向以色列人颁布的十条诫命，其实质是对'约'体现的契约规范体系的一个总的概括"①。这既规定了教徒的戒律与禁忌，也明确了人与人之间的道德原则、道德责任和行为规范。在教父哲学家奥古斯丁那里，上帝是至真至善的，既是开创世界的本源性所在，也是人们终极价值的本源性所在，更是人们终极追求的价值所在，人们需要从与上帝的关系中观照灵魂，以达到对至善至恶、美好生活、幸福人生的定义和信仰。正如中世纪哲学家托马斯·阿奎那所认为的，上帝是一切事物和现象的始因，是集爱、智、善于一身的完满的所在，人们所有的美德和德性均来自上帝的启示。这种宗教"神启"型的道德论，将上帝权威、宗教神启、宗教教义和戒律禁忌视作道德的来源、基础和保证，人们对宗教的信仰、宗教权威的尊崇是道德信仰、道德权威、道德自律以及对道德敬畏感的基础和保证。人们在宗教生活中通过宗教特有的强制性的"他律"权威形成自身的道德自觉和道德自律。

但实际上，宗教和道德都属于社会意识，是社会上层建筑的要素之一，二者存在诸多相异之处，这些相异之处会使道德的宗教基础展现出一些弊端，不甚牢固。首先，从二者产生的基础来看，宗教以对宗教的虔诚信仰为基础和前提，而道德往往是以人们现实生活中的经济状况、相互关系、风俗习惯为基础和前提的。其次，从二者所面对的基本关系来看，宗教的特征之一是存在一个以"神"为主体的神圣的彼岸世界供人们信仰和皈依，

---

① 宋希仁主编《西方伦理思想史》，中国人民大学出版社，2010，第113~114页。

面对的关系是"人-神"二元关系，并且这种关系是超验的、神秘的。而道德面对的是"人-人"关系和"人-我"关系两个层面，这种关系是现实的、实践的。所以，难免会有宗教道德在面对人生现实问题之时的不切实际和无能为力之处。也就是说，宗教道德在真正处理与人生相关的问题时，会遇到与生活远离的情况。因此，宗教更多的是关乎人们精神层面的依托和安放，而道德不仅涉及人的精神层面的安顿，同时关乎人们思想精神和物质生活双重层面的安排。再次，从二者发生作用的范围来看，宗教的作用只局限于特定的人群，即信教者，范围有局限，道德的作用范围较宗教适用范围更大，范围较普遍。最后，就宗教与道德发生作用的方式来看，宗教道德的作用主要是以宗教的戒律和禁忌的形式呈现的，教徒如果不能够履行和遵从，便会被认为是不够虔诚和亵渎教义，会有明文规定的教义教规对其进行惩治，教徒自己也会因为对教义教规的敬畏而产生自我的忏悔和畏惧。而道德主要是依靠主体内在的良心自觉来推动作用的产生，不会有强制外力的加压和约束，不会有宗教圈舆论的监督和约束。这些意味着道德较宗教的适用范围更广，并且宗教对人的要求高于道德对人的要求。

综上，宗教与道德二者的相异之处以及宗教和道德自身的特殊性质，使得宗教道德与道德之间在处理"人-我""人-人"等关系层面、作用范围层面、产生效力层面、约束力层面有不同程度的脱节，产生的最主要的问题就是宗教道德远离人们实际生活，这使得宗教道德在适用范围、约束效力以及普遍性方面的优势不甚明显。甚至有些人认为，人们信仰宗教是在追求一种盲目、虚化、不切实际的价值观，所以对宗教道德嗤之以鼻。

二　中国典型的道德诠释路径——文化型的道德论

文化型的道德论也叫道德的文化史观诠释路径，即将道德与人类文化传统相联系，将道德定义为"主体基于自身人性完善和社会关系完善的需要而在人类现实生活中创造出来的一种文化价值观念、规范及其实践活动"①。道德具有文化特性，存在包含于人类文化现象之中，在本质上是文化的产物、文化现象，具体表现为特定的精神文化和观念文化，可以将其定义为一种文化价值观。此种观点将人类的文化作为道德的来源和基础，

① 肖群忠：《道德究竟是什么》，《西北师大学报》（社会科学版）2004 年第 6 期。

即从文化视角来看待和诠释道德，深刻揭示文化与道德、文化生活与道德、生活与道德之间的关系。正如学者万俊人所认为的，道德是人类文化的精神内核，由文化价值取向和人性所具有的文化特质决定，道德成为人们内在目的之一，并占据最为重要的地位。人们自身的文化特性通过其美德及道德的实践来实现，展现自我文化价值和境界。①

  道德的文化史观诠释路径也可以被理解为一种"文化-道德观"，"文化-道德观"是将道德置于人类文化传统和文化生活的基础之上，从理论层面能够让人更加准确、具体地认识文化、认识道德，从实践层面更加贴近生活、日常实践和民众，让人们能够更切身地感受文化、感受道德。这实际上是将人类道德与人类生活、人生紧密地联系在一起，知行结合才能做到知行合一，才能切实地发挥伦理道德之于人类以及人类生活的作用。让人们认识到伦理道德不仅是认知层面的，其必将回归生活、回归实践层面，反映人们的日常生活并指导人们的日常生活。这更符合中国社会、文化、伦理、道德产生和发展的实际情况，并进一步揭示中国文化与伦理道德之间的关系，即"中国文化是中国伦理道德的根基和母体，伦理道德是中国文化的核心和灵魂"②。所以，这种道德的"文化-道德观"诠释路径在中国有其独特性，具体体现为：其一，道德的"文化-道德观"的诠释路径符合中国传统文化发展特点。中国传统文化最为突出的特点就是强调人的主体性地位，重视人，以人为本，所以非常关注人的完善及发展。与西方重视物质经济之于人的功能和作用不同，中国传统观念认为最能够促进人的自我完善及发展的就是内心的道德以及外在的德行，自我约束和自我反省，以谨守行为规范和道德约束，进而能完善自我，成圣成贤，所以不可否认道德之于中国文化的核心地位。其二，道德的"文化-道德观"的诠释路径凸显了中国文化与道德关系。在中国，提到文化，就脱不开作为其核心和主体的道德；言道德，也分不开作为其根基和母体的中国文化传统。这是中国特有的文化与道德关系，这种关系也决定了道德之于中国的重要地位和作用。其三，道德的"文化-道德观"诠释路径符合中国人的生活传统和

---

① 万俊人：《人为什么要有道德？》（下），《现代哲学》2003 年第 2 期。
② 肖群忠：《论中国伦理的文化根基与诠释路径》，《新疆师范大学学报》（哲学社会科学版）2016 年第 5 期。

生活现实。中国文化就是中国人世世代代大群生活的集合，中国传统文化智慧和道德智慧不仅来源于思想家的思考和发现，更根源于人们的生活日常。中国人在日常生活中积累和积淀出符合中国社会的个体美德、风俗习惯、行为规范和与人相处的法则。文化、道德与人伦日用紧密相连，有文化思想、道德思想，就必须有生活、行为和实践。文化、道德来源于生活，并进一步指导生活。同时，学问、思想和行为也是紧密联系在一起的。所以在中国这种"文化-道德观"能够反映和概括出中国社会的生活风貌、生活特质，也能够让人们的道德认识更加贴近生活、贴近现实、贴近实践、贴近自我。

三　钱穆的文化-道德观

钱穆先生将文化定义为人生、人类大群集体的生活。道德是人类生活的一部分，与人类生活紧密相连，道德也是人类文化的一部分，与人类文化紧密相连。所以钱穆先生看待和理解道德，尤其是看待、理解中国传统文化和道德时，总是将道德与文化联系在一起，揭示其深刻的关系，让我们能够从文化的角度去认识和理解道德。钱穆先生的文化与道德思想是如何从文化的角度去认识和理解道德的呢？

首先，从道德的来源与本质层面来讲，钱穆先生将文化与人们的生活等同，并且认可人们的生活之于道德的先在性。我们可以根据钱穆先生的理解，进一步认为，道德源自人们的生活，是人们在长期的生活实践中总结出的关于价值规范的共识，所以，道德来源于文化，文化是道德的母体和基础。在中国传统文化视域下，中国传统文化即中国道德思想的母体和根基，只有认识和认可道德的文化来源及生活来源，才能够使道德更好地指导人们的日常生活和实践。从道德来源于文化、来源于生活实践的角度来看，道德的本质即为指导人们进行生活、实践的价值和规范。

其次，从文化结构层面来讲，钱穆先生将文化定义为人类大群的集体生活，强调文化不是指每个个体的生活或人生，而是集体大群的人类生活，规定了文化所具有的超越个体性，指明不同的人类群体会创造出不同的文化、显现出不同的文化特质。在这里，"文化"是取其广义，对应文化构成三层次论，既可包括人类生活之物质层面的衣食住行等，也可包括制度层面的社会风俗、政治制度、法律规定，亦可包括精神思想层面的兴趣爱好、宗教信仰、道德信念等。文化的精神思想层面所包含的诸要素具有其各自特殊的功能及重要性，其核心即为文化的价值观念，因其是文化诸要素中最根本、最持久的决定性因素，由文化的价值观念所形成的文化精神既能反映文化间相异的特质，亦能决定文化的发展趋势和走向。在钱穆先生的文化学理论当中，将道德处于文化的价值观念范畴，认为道德规定、指导着人们的人生意义和价值，也领导和决定着中国文化精神，更决定着文化要素之经济、政治等。所以，钱穆先生将道德视为文化的核心。

最后，从道德与文化的价值指向层面来讲，文化与道德的意义在于帮助人们追寻美好、幸福的生活。钱穆先生所指的道德，主要是就个体心性道德而言，所以其道德思想往往偏向于人生哲学，向人们指示道德之于人生的价值和意义。但在有些时候，钱穆先生也会把道德放在更加宽泛的视域中理解，将"道德"理解为"人道"，即人与人相处之道。他认为人生除了有个体自我完善的需求之外，由于人的社会性质，势必需要良好人际交往的社会性需求，这些需求的满足，需要依靠道德来达成。所以在中国传统文化中，道德之于人的价值在于通过人们对自我完善和良好人际交往的满足，找到生活、人生的价值和意义，最终指向幸福人生、幸福生活。文化之于人的价值同样在此，只是文化由于其范围属性比道德更大，之于人生的价值表现更多一些。由此，道德与文化在终极性层面的价值和意义是一致的，都是在帮助和指导人们追寻良好、幸福的生活。

钱穆先生的文化思想，将道德放在重要的位置上，将道德思想与人们的生活、文化紧密相连。我们可以从钱穆先生对文化、道德的论述当中，从道德与生活、文化的紧密联系当中，从文化的视角、生活的视角去理解和诠释道德，理解道德的文化、生活来源与本质，理解道德的中国文化根基，理解中国文化鲜明的崇德特质，理解中国文化与道德之于人们生活及人生的价值和意义，理解中国人从传统到现在的内在心理趋向和精神追求。因此，我们可以把钱穆先生这种从生活、文化的角度去理解和诠释道德的思想，称为文化-道德观。

这种从生活、文化的角度去理解和诠释道德的思想不仅是事实，还成为当今人们更好地理解和诠释道德的需要。因为这种从生活、文化的角度理解的道德，既不同于西方理性认知型的道德理论，将道德置于抽象思辨；也不同于宗教神启型的道德理论，将人们拉入厌世的人生迷思。概言之，文化-道德观较上述道德观最大的特点在于从人类现实生活层面、从人类文化层面去理解和诠释道德，赋予道德文化属性、生活属性和实践属性，这符合中国传统社会现实以及道德实践性的要求。

第二节　钱穆论中国文化与道德的关系

一　中国文化是伦理道德的母体和基础

1. 文化为人的生活

人们对文化的认识，一般来讲，主要包括精神文化、物质文化和制度文化。狭义的文化即人们在思想观念层面所创造的财富，也就是精神文化。从最为宽泛的角度来理解，文化近乎包含了人们生活的方方面面。"文化只是'人生'，只是人类的'生活'。"[①] 并且，钱穆先生认为，文化是人生不同式样的一种别称，人生所有的事物，包括习惯、风俗、制度、信仰等，都属于文化之列。学者廖建平认为，钱穆先生关于文化的定义，强调了日常人伦之于人生的必要性。人的生活离不开人群大众的集体生活、离不开亲情和友情。人生只有在人伦日常之中才展现得更加丰富和全面。[②] 所以，钱穆先生将文化理解为人们的"人生"、人们的"生活"，并定义为"时空凝合的某一大群的生活之各部门、各方面的整一全体"[③]。基于这样的定义，可知其将文化与人的生活紧密联系在一起。我们需要对文化的定义进行进一步的认识。

首先，钱穆先生将文化定义为人的生活，这里所指人的生活并非每个独立个体的生活，而是指群体生活。每个个体的生活对于文化群体而言，都只具有独立性、个体性、暂时性，个人只在文化中生活，个人的生活只能被称作人生，但不能被称为文化。文化包含个人生活，是由一个个个人生活汇聚整合而成的集体、大群生活。

其次，钱穆先生将文化定义为人的生活，这里所指的生活并非群体某一特定时段的生活，而是指人类群体长时间的生活。"在某一地区、某一集

---

① 钱穆：《文化学大义》，《钱宾四先生全集》（37），第 6 页。
② 廖建平：《论钱穆的艺术人生观》，《求索》2003 年第 1 期。
③ 钱穆：《文化学大义》，《钱宾四先生全集》（37），第 6 页。

团、某一社会，或某一民族之集合的大群的人生，指其生活之各部门、各方面综合的全体性而言，始得目之为文化。"① 所以，"文化"是群体人生所创造融凝的结果，它不仅在空间范围内具有特定的区域性，也在时间范围内具有特定的持续性，空间区域性和时间延续性构成认识和理解文化的必要条件。

最后，文化是"人类生活之每一部门、每一方面，必然互相配搭，互相融洽，互相渗透，而相互凝成一整体"②。在钱穆先生的文化结构论当中，将文化的三个阶层与人生的多方面、长时期的发展对应，指出了文化层次主要分为三个方面：文化表层的物质器物方面，主要包括人们生活的衣食住行等一切物质创造及活动；中层的制度方面，包括社会群体性的关系，如家庭、国家、民族等；文化的深层由人的精神、心理、价值等方面组成。人们的生活同样由这些方面构成。文化即为生活之物质层面、制度层面、精神层面互相搭配、融洽、渗透形成的整体。

由钱穆先生对文化的定义可知，先生所理解的"文化"，是站在其史学家的立场，集时间性、空间性、持续性、集团性、整合性于一体的人类生活及群体人生的总称。并且，钱穆先生将文化定义为人的生活，这里所指"人的生活"，是有限制、有其特指意义的，并非意味着将文化完全等同于生活理解。除此之外，钱穆先生不仅将文化与人们的生活紧密联系在一起，更将文化与人生的价值和意义联系在一起。

无论是广义的文化还是狭义的文化，都离不开"人"，也都离不开人的生活与"实践"。文化的主体是"民族"，民族不是自然存在的，而是在文化和历史漫长的发展和陶冶过程中逐渐形成的。民族创造了文化，进而由文化融成更大范围、更具凝聚力的民族。因此，要想对文化形成更为深刻和透彻的认识，有必要对文化的主体民族加以认识和研究，民族是文化的创造者，更是文化的凝聚者、受益者。文化是支撑民族存在和延续的基础，这种人文主义文化观强调文化的主体是人，是人类大群集体生活的体现和展示。因此，文化与生活在主体上是统一的，即强调"人"的价值和"人"的重要性。

---

① 钱穆：《文化学大义》，《钱宾四先生全集》（37），第6页。
② 钱穆：《文化学大义》，《钱宾四先生全集》（37），第8页。

2. 文化和生活是道德的基础

按照钱穆先生文化层次的相关理论，道德处于文化三阶层的第三阶层，对应于人们的精神人生、心灵人生。人们通过道德来实现、规定和满足自我实现以及人际关系和谐的需求。所以，我们可以将道德理解为文化价值-规范系统的核心。"道德的来源"这个问题需要我们根据钱穆先生的观点研究和讨论。

文化和生活先于人的道德而存在。钱穆先生认为文化的产生和发展会受到特定地理环境的影响，形成相应的生产生活方式，最终形成文化。生活先于文化而存在，生活也优先于道德而存在。人们的生活或者说文化生活先在于人们的价值观念体系的观点也受到西方哲学家的关注与承认，胡塞尔认为，"生活世界是永远事先给予的、永远事先存在的世界"①，即强调生活世界的永恒先在性、前提性和决定性。

我们是否可以说道德来源于人的生活、来源于文化？钱穆先生认为在中国古代观念较为原始的"文化"，特指当时的"生活习惯与政治方式"②两方面。由此可知，道德作为文化中非制度性、非正式性的文化形态和要素之一，最初属于人们的生活习惯范畴，我们也可以将这种生活习惯理解为习俗。人们生活中较为原始的习俗，成为道德的早期表现形式。钱穆先生没有详述人们原始的生活习惯即习俗的来源，但或许我们可以通过人类历史和文化在相关方面的研究成果，推导其产生的过程。原始人在原始生活过程中，为了延续生命，开展衣食住行、生产劳动等基本活动，在不断活动和实践当中，在相应的生产方式和生活方式的基础上，积累一定的生活经验和生产经验，人们对这些成功的经验进行模仿和保留，最终成为特定人群共同认可和遵循的行为方式，即被认为是原始习俗。产生于原始生活的原始习俗可以说是道德最初的来源和表现形式。这表明生活先在于道德而存在，道德源于人们的生活。学者韩东屏认为，道德的原始形态以原始习俗呈现，道德从人们具有理性思维并能够进行抽象、概括活动的时候，就逐渐从原始习俗中独立出来了，逐渐形成对人们品质的概念化表达。③

---

① 倪梁康选编《胡塞尔选集》（下），上海三联书店，1997，第1087页。
② 钱穆：《中国文化史导论》，《钱宾四先生全集》（29），第45页。
③ 韩东屏：《道德究竟是什么——对道德起源与本质的追问》，《学术月刊》2011年第9期。

在中国传统文化中处于核心地位的儒家思想，通过典章制度确立独到的价值系统并规范人们生活的方方面面。那么，这些典章制度从何而来？是如孔子、孟子等古圣先贤凭借自我想象创造出来的一家之言吗？钱穆先生认为，这些关乎人们价值系统的典章制度、道德规范，恰来源于广大民众的日常文化生活。余英时先生对此做出回应，认为儒家的价值之学之所以能够在中国产生如此深远的影响，在于其价值系统和规范提炼于人们的日常生活中，是人们生活经验的总结。① 这便折射出钱穆先生的观点相近于章学诚"圣人学于众人"的重要论断。在他看来，在儒家思想产生之前，忠和孝两种德性已经根深蒂固地存在于人们的生活和实践之中。孔子对于这种德性表现出同情和感动，将其制定为人们施教的基本规范。如果人们认为，孔子所提出的道德行为规范是凭空制定并形成风尚，便脱离了历史事实。② 所以，伦理道德并非某位圣人、伦理学家所制定或颁布的戒律规范。正如学者赵汀阳所言，伦理学的相关规范是由社会事实决定的。③ 高度肯定了道德的生活来源、社会现实来源。

所以，在钱穆先生看来，"道德并不是由纯理智的推衍而创生的，它是一种躬行实践，是经历长期经验获得多数人共同承认而成立的"④。人类的文化是在漫长的物质生产和实践中创造和获得的，也是在人们的社会历史生活中创造的。作为中国文化主干思想的儒家思想注重价值观的文化性、生活性、实践性。"中国文化则正是侧重在历史的、群体的、文化的，人类生活本身之'内在经验的'"⑤，特定地区、特定民族的文化一旦形成，便形成人们特定的价值观念、思维方式、行为习惯，指导、规定和影响着人们的生活。所以，人们的生活离不开文化的创造、更离不开文化的影响和规定。道德源自民众日常的文化和生活，这是道德的起源。古语常言"道不远人"，道"不远人"的原因在于"道源于人"，道德源于人们的文化和生活。所以，在中国传统文化的视域之下，文化和生活是道德的母体和基

---

① 余英时：《钱穆与新儒家》，载《钱穆与现代中国学术》，广西师范大学出版社，2006，第39页。
② 钱穆：《中国学术思想史论丛》（一），《钱宾四先生全集》（18），第277页。
③ 赵汀阳：《人之常情》，辽宁人民出版社，1998，第28页。
④ 陈勇：《钱穆传》，人民出版社，2001，第331页。
⑤ 钱穆：《文化学大义》，《钱宾四先生全集》（37），第121页。

础。认识到文化和生活是道德的母体和基础，我们可以进一步明确道德起源与本质的文化根基与文化特征。这不仅能够还原道德源于生活的本有面貌和应然之道，还能够更好地指导人们将道德的理解和建设回归生活、回归文化，充分发挥道德对人们日常生活的指导作用。

二　道德是中国文化的核心和灵魂

1. 道德是文化要素的核心

从文化要素层面来讲，钱穆先生将文化要素划分为经济、政治、宗教、科学、文学、艺术和道德。异文化之间的差异，表现为文化要素所占比重的不同。

文化之经济要素主要与人类生活的物质部分相关，是人类生命存续的基础，也是人类文化创造和发展的基石。人类生活物质水平的提高并不代表人类文化总体价值的提升。所以，经济在文化体系中是基础性的要素，但我们不能够仅凭物质生活去衡量和决定人类全部的人生。经济要素之于文化重要，但并非最为重要。科学之于人生的贡献一方面在于实际运用方面的物质实体的发明；另一方面在于科学思想、科学理念等知识层面的精神智慧的发明，我们可将其理解为自然科学和人文科学。科技的发明和运用能够极大地推动人类物质文明和精神文明的突破和进步，但其从实质上来说，对于人生的作用大都在于工具、手段的层面，由此可见，文化要素中的科学对于人生和文化来说，可以起到便利和辅助的作用，却不能起到决定性作用。政治一般包括人类生活的习惯、风俗、制度、法律等，属于人类文化第二层次的社会层次。如果说科学之于人的生活，所面对的主要是万事万物，那么政治之于人类生活，主要面对的就是人的世界。政治在文化当中的地位与经济相似。在中国传统文化中，总是将艺术赋予神奇的魔力，许多无生命的实体经过艺术的渲染和加工，便能够成为具有"思想""心灵""灵魂""生命"的"有生物"，所以艺术是文化及人生必不可少的要素，其功能在于陶冶、渲染、激发人的内在心性和心灵。文学是人们情感的笔墨化表达，使人生实现与自我的交感和对话。宗教隶属于人的心灵、精神层面，是人们通过信仰和皈依所建立的一种人与神秘神世界的联系，宗教可以使人将心灵寄托于超越于人体、人生的外部世界，是人们建立天人关系的一种方式。钱穆先生通过描述和对比文化的诸要素，最终得出在中国人的观念中人生终极的寄托和希望在于道德的结论。道德区别于文化其他要素的特点在于，道德不像政治、宗教、文学等要素那样需要借助物质或精神等对象化的存在物发挥其作用，道德不向身外索求，只求"自尽己心""自尽己性""尽其在我"，道德是人生理想的实践，也是人生理想的实现和达成，人们只有借助这种不待外物的精神力量和实践，才能真正达到自足自信的完满人生，所以中国人的人生、中国传统文化最为重视道德。对此，钱穆先生认为，文化从总体上来说，应该由道德作为最高领导，领导政治，进而支配经济，最终使得经济和政治都具备道德性，受道德的约束和规范。① 由此，在中国传统文化中，经济、政治、科学、文学、艺术、宗教等其他要素均受到道德的影响、支配、评价和约束。相较于希腊文化、印度文化的"早熟文化"模式，以及西方罗马文化演进久久停留于第一阶层和第二阶层的停滞模式而言，中国传统文化的演进符合文化演进的一般规律和正常轨迹，所以在中国传统文化中，道德是文化要素的领导和核心，中国传统文化"道德气氛特重"。

2. 道德是文化观念价值-规范系统的核心

在钱穆先生的文化结构理论中，将文化分为三个层次，我们可以将这三个层次分别理解为文化表层的物质器物方面、中层的制度层面及深层的心理、精神与价值层面。心理、精神与价值层面的文化也可以被理解为文化的观念价值-规范系统。许多文化学家针对文化的观念、价值、规范系统达成了一个共识，认为造成文化差异的关键在于文化价值观念的不同，文化的价值观念是制约、影响社会发展的关键因素。所以，我们可以将文化的观念价值-规范系统视为文化的核心和灵魂所在。

钱穆先生的中国传统文化思想，以儒家思想为本位，他非常重视儒家人性善的道德观念和道德理论。陈勇在对钱穆先生思想进行评述时认为，在钱穆先生的思想当中，将中国文化的本质定义为以"善"为本的道德型文化，中国文化的道德精神集中体现于对人性善的肯定、追求和信仰。② 所以在钱穆先生看来，中国传统文化最为基本也最为重要的价值就是对"善"

---

① 陈泽环：《经济应该由道德和政治来领导——试论钱穆的经济文化观》，《孔子研究》2013年第1期。

② 陈勇：《钱穆传》，人民出版社，2001，第328页。

的认可和追寻，这种对善的信仰和追寻落实到每个人的心上、身上，即为对道德、伦理的信仰和追寻，所以在中国传统文化中，道德是中国传统文化观念、价值－规范系统的核心。

有学者在讨论中国传统文化的形成问题时提出，中国文化形成的基础主要有两个，一是以小农自然经济为主的生产方式，二是家国同构的社会政治机构。由于中国这种文化基础以家族宗法、血缘为本，在这两种基础之上产生的文化类型必然是以伦理道德为核心，形成伦理型的文化价值系统。中国传统文化形成于以自给自足的自然经济为基础的小农社会，在这样的社会中，以家族血缘为纽带的家庭成为社会的中心，逐渐形成以道德为核心的德治社会模式，使得伦理道德成为个人安身立命的来源和基础，更使得整个社会组织遵循个体、家族、宗族、民族的扩展路径。家国同构、家国一体，"移孝作忠""忠孝节义""贵和尚中"成为由家族道德扩充和延伸的国家政治治理良方。国家在对人才的选拔和任用上，也将人才的道德德性作为重点考量对象，认为某人只要在家能尽孝、尽悌，在国就能尽忠、尽义。个体道德和社会人伦成为人们建构和调节社会生活秩序的关键。在这样一种社会环境中，人们遵循"修身、齐家、治国、平天下"的要求，对内己要求以"德"，对外己与人交往要求以"礼"，中国传统文化充满人文主义的道德精神。

学者肖群忠认为，文化的本质是一种观念、规范－价值系统，中国的伦理是由人们在生活实践中对于美好生活、美好社会的规范系统和价值观念所凝结而成的。[①] 所以，中国传统文化以道德为观念价值－规范系统的核心，亦如钱穆先生的观点，其在言及道德时，多将其与人生的价值和意义并言，不仅强调道德是人安身立命的关键，还强调通过道德价值和道德规范指引人们追寻人生的价值和意义的重要性。道德主要包括两个方面，一方面为主体个体之道德修养；另一方面为人与人相处之道，即人道。中国传统文化从人文根源上讲，都是由这两方面延展开的，"故谓中国传统文化，彻头彻尾，乃是一种'人道'精神、'德性'精神"[②]。人们的个体道德德性建

---

① 肖群忠：《论中国伦理的文化根基与诠释路径》，《新疆师范大学学报》（哲学社会科学版）2016 年第 5 期。

② 钱穆：《民族与文化》，《钱宾四先生全集》（37），第 50 页。

基于个体内在的道德修养。《大学》有云："为人君，止于仁；为人臣，止于敬；为人子，止于孝；为人父，止于慈；与国人交，止于信。"这可以说是中国传统道德修养的主要标准和规范，基本上包含了个人、家、国层面的个体道德、家族道德和社会道德范畴，并明确人们的做人准则和目标，即要做一个有德之人，心怀诸德、身具诸德。强调人们对于道德涵养和道德践行的自觉自主性。人与人的相处之道源于中国传统文化之人伦规范。中国传统文化始终强调人的"群体"性，即人要在人群中做人，人不能够也无法脱离社会而生存和发展，所以中国传统文化非常重视人与人的相处之道，即人伦关系之德。所以，中国文化一直特别重视道德的力量以及道德的优先性，重视道德之于人生的价值和意义。道德之于人生的价值和意义，在于使人们通过德性的内在修养和外在实践调节个体与自身、个体与他人之间的关系，并通过道德原则和规范约束人们之间的交往，使之符合伦理，满足人们自我实现的需求以及良好人际交往的需求。

由此看来，中国传统文化始终以道德为核心和领导，并且指导、影响文化其他层面和要素，道德是文化观念价值-规范系统的核心，为人们提供向善的安身立命之道，更指导人们追寻人生的价值和意义，道德是中国传统文化的核心和灵魂。正如有学者所认为的，道德是每个民族都具有的，但没有其他国家与中国一样，把道德置于文化价值体系中至高重要的位置。换言之，即中国文化最为重视道德。

三　文化与道德的相互作用

前文所述，在中国传统文化中，就文化和道德的单向关系而言，文化是道德的母体和基础，道德是文化的核心和灵魂。在了解和辨析文化与道德之间的单向关系之后，我们也不难发现二者之间具有一定的双向互动关系。

1. 文化发展是道德进步的根基

中国传统文化最为重视道德，文化是道德产生的源泉，这就意味着文化的发展决定和影响道德的发展。根据钱穆先生的文化人文演进规律，在文化三阶层当中，理想的顺序应该为从第一阶层演进发展至第二阶层，再由第二阶层演进发展至第三阶层，文化阶层必须由经济发展到政治制度，进而发展到精神层面的宗教、道德、文学、艺术。如果文化发展没有遵循人文演进的一般规律，那么会影响和制约文化整体及文化高级阶层的发展。正如钱穆先生举例所言，"中国文化，就上述文化三阶层言，实在能就第一阶层透过第二阶层而进达到第三阶层；还从第三阶层向下领导控制第一、第二阶层，符合于文化演进之正常轨道。不比希腊、希伯来是腰部虚脱的早熟文化；罗马是透不到顶的积滞胸腹的臃肿文化；近代西方，则在拼凑此三系文化之后，因新科学之发现，物质生活之突变，第一阶层过度膨胀，尾大不掉，无形中早有全从第一阶层来发号施令的趋向。又好像大厦已成，基址摇动，是一种随拆随修的紧张文化"①，即文化层次的发展需要遵循特定的顺序和规律，才能为文化高层次的发展奠定坚实良好的基础，才能实现钱穆先生所说追求人生最终的情趣，才能发挥文学、艺术陶冶人心性的功能、宗教慰藉人心的功能以及道德修养升华人心的功能。所以根据钱穆先生的文化发展三阶层理论，社会发展至特定的阶段才能为道德的发展进步提供足够的空间和养料。具体来讲，根据文化演进规律，道德如果要良好地发展，需要以文化第一阶层的经济、第二阶层的政治制度的良好发展为基础；也需要整个文化体系遵循文化演进规律和顺序发展作为基础。

从道德传承的角度来讲，历史文化的发展延续会产生传统与现代的关系与问题。对此，钱穆先生认为，"既没有与传统完全断裂的现代化，也没有与现代化截然分离的传统。因为一切国家和民族的现代化都应以传统为前提，而一切现代化都不过是某种文化传统在现实条件下的发展和延续"②。所以，任何文化形态在面对现代化这一问题时，都脱不了与传统文化的关系，仍需重视传统文化的源与流。作为文化核心的道德，形成于长久以来人们的生活实践，凝聚了长久以来人们生活经验的精华，是文化长久发展的结晶。所以，道德的传承需要依赖传统文化，道德的传承也需要依赖传统文化的支撑与传承。

2. 道德进步是文化发展的动力

通过钱穆先生的文化学说，可以体会到他强烈的道德意识，原因在于，钱穆先生认为文化的核心是道德，推动文化发展和进步的核心力量是道德，也就是道德精神。所以在他看来，只有在人们的文化、生活当中涵有道德，

① 钱穆：《文化学大义》，《钱宾四先生全集》（37），第71~72页。
② 陈勇：《钱穆传》，人民出版社，2001，第339页。

坚持道德之于文化诸要素的优先地位和领导地位，文化生命才鲜活，人们的生活才能找到意义所在。

文化的发展离不开文化各结构和各要素的发展，钱穆先生认为，物质经济、科学技术、智力知识，只能算是维持文化生命之生存延续的工具，对文化和人的生活起到辅助作用，道德和道德精神才是文化真生命本身。因为在文化发展中，人们会享受到经济、科技、机械等带来的物质层面的成果，但往往也会受其所困、深陷其中，从某种角度来讲，这些物质工具层面的文化形态，可以推动文化的发展和进步，与此同时，也会带来一些问题，使得人心"物化"、精神空虚、人性迷茫。但道德和道德精神则不同，道德只求"反求诸己""尽其在我"，这意味着，道德对于每个主体来说是可控的，只要我们内心欲求道德、内心涵养道德、自身践行道德，就能从德性的修养和践行中找到安身立命的终极价值。这是贯穿中国传统文化发展过程中最为重要的价值观，也是维持和推动文化发展延续的最深层次的精神动力。

"中国文化中之道德精神，正要使此项道德精神长期永生与不断复活。文化绵延，实乃此项道德精神之绵延。文化光昌，实乃此项道德精神之光昌。每一人在实践此项道德精神而获得完成者，彼将在此人世间长期永生，与不断复活。"① 所以，在中国文化的发展过程中，道德精神成为推动中国文化发展、绵延的重要力量。

第三节　中国文化的崇德特质

一　中国文化以儒家思想为主干

钱穆先生的研究和致思路径，以儒家思想为主干，所以钱穆先生对儒家的看法和认识，可以从历史事实的层次来理解，更能够从信仰的层面来理解。② 在历史事实的层面，钱穆先生认为，儒家思想并不是某位圣贤、某位思想家凭空创造的产物，而是源于当时的文化-生活。在信仰的层面，"他深信儒家

---

① 钱穆：《中国文化丛谈》，《钱宾四先生全集》（44），第115页。
② 余英时：《钱穆与新儒家》，《钱穆与现代中国学术》，广西师范大学出版社，2006，第39页。

的价值系统不但是造成中国民族悠久与广大的一个主要动力，而且仍然可以为中国的现代化提供一个精神的基础。在他看来，儒家的价值系统无论对于社会或个人都有潜移默化的积极功能"①。儒家价值系统的核心即道德。

中国文化思想源远流长、博大精深，儒家思想、道家思想、墨家思想、法家思想、佛家思想等派系林立、著书立说。中国文化发展至今，儒学为中国文化的主干，既是一种客观事实，也是诸多学者在此问题上达成的共识。柳诒征在其著作《中国文化史》中曾提出，孔子乃为中国文化之中心。如果没有孔子就没有中国文化。孔子之前数千年的中国文化，依靠孔子得以传续；孔子以降的数千年的中国文化，依靠孔子开创流传至今。② 这对孔子在中国文化的地位和影响给予极高的赞誉。这一对孔学的评价难免过于绝对，但不可否认孔子儒学在中国文化中的核心地位。余英时通过"新儒家""开出"说认为儒家内圣的心性之学为人生价值的本源，承认儒学为中国文化的核心。③ 当代学者陈来也认为，由孔子创立的儒学，是中国文化的主体和主干，并且起到主导作用。孔子的儒学为中国文化的核心价值奠定了基础和基调，并且产生深远影响。④ 学者罗义俊认为中国五四运动时的"反孔非儒"主张，恰恰从现实层面证实了中国传统文化以儒家思想为主的事实。⑤ 他认为，当时所出现的诸如"以道反儒""以墨反儒"等论断是从客观事实和价值取向层面对中国传统历史的曲解。上述学者的论断从客观事实和价值共识方面肯定了儒学、儒家思想在中国传统文化中的主体、主干地位。

中国文化绵历长久，儒学思想始终贯穿其中，所以，钱穆先生肯定儒家思想之于中国文化的地位："孔子集前古学术思想之大成，开创儒学，成为中国文化传统中一主要骨干。"⑥ 钱穆先生之所以认可儒家思想为中国文化思想的主干，主要在于儒家思想在中国传统思想中具有其自身优势，以及出于中国自身历史的发展原因。除此之外，在钱穆先生的文化、道德相

① 余英时：《钱穆与新儒家》，《钱穆与现代中国学术》，广西师范大学出版社，2006，第41页。
② 柳诒征：《中国文化史》（上），吉林人民出版社，2013，第275页。
③ 余英时：《钱穆与新儒家》，《钱穆与现代中国学术》，广西师范大学出版社，2006，第67页。
④ 陈来：《孔子思想的道德力量》，《道德与文明》2016年第1期。
⑤ 罗义俊：《论钱穆与中国文化》，《史林》1996年第4期。
⑥ 钱穆：《朱子新学案》（一），《钱宾四先生全集》（11），第1~2页。

关思想中可以深刻地感受到，钱穆先生在讨论中国传统文化和道德思想时，以儒家思想为基本立场，非常推崇儒家道德的心性之学，并将儒家心性之学视为中国传统文化思想与道德思想的中心。"中国传统文化，关于人伦道德、政治社会一切理想与措施，乃悉以其所认识之心性之学作基础。亦可谓中国之文化精神与道德精神即以其心性之学为中心。"① 儒家心性之学也被称作"内圣之学"，其以人性向善为基础，以德性修养和实践为方法，以圣贤理想人格为目标，把个体道德修养和人格完善的自我需求放在人生首位，指导和规范人们的行为。儒家心性之学与中国人内在心理趋向和价值追求高度契合。

儒家思想成为中国文化思想之主干的原因，还在于其贯穿始终的崇德重德特质。有学者认为，德性、道德为儒家思想的核心，认为德性是儒家伦理的主体、中心。② 儒家学说的创始人孔子被中国尊称为"至圣先师""万世师表"，冠以此名，足见得世人对其思想、行为、人格的肯定。中国文化自西周以来就已经重视"德"的重要性，孔子在其基础上，于其思想中，更体现崇德重德这一特性。儒家孔子提出其以"仁"为核心的道德规范体系，其中包括以"爱人"为核心的社会道德，以孝、忠为核心的个体道德规范以及以"克己复礼"为核心的道德修养工夫，最终引导人们指向"君子""仁者""圣人"等多层次的理想人格。孔子更提出，"朝闻道，夕死可矣"（《论语·里仁》），也就是把道德看得比生命还要重要。孔子思想最重要的特征就是突出强调崇德向善，这为其思想树立了基本的价值观，不仅成为孔子思想的核心价值导向，更传承延续成为整个儒家思想的核心价值导向。后儒孟子以人性善为理论前提及基础，提出良知、良能或良心是道德意识的核心，提出以"仁、义、礼、智、信"为五常德，并以五伦即"父子有亲，君臣有义，夫妇有别，长幼有序，朋友有信"来明确人与人交往所应遵循的道德准则。墨家墨子以"兼爱"为其伦理思想的核心，反对爱有差等，认为人与人之间应该施予平等的、无差别的爱。在个体修养层面，提出以行为本的道德修养论，强调"德行"对人的重要性。法家管仲虽然认为法律是道德的后盾和保障，故法律的重要性高于道德，但其

---

① 钱穆：《世界局势与中国文化》，《钱宾四先生全集》（43），第 300 页。
② 沈顺福：《德性伦理抑或角色伦理——试论儒家伦理精神》，《社会科学研究》2014 年第 5 期。

仍旧提出"国之四维",即"礼""义""廉""耻"作为统治和管理臣民的行为规范和准则。董仲舒强调社会治理的德治力量,强调仁义道德对百姓的感化、强调道德在人与人的交往中所起到的规范和约束作用,提出"三纲五常",并将其确立为封建社会最为基本的道德规范。后世以"存天理,灭人欲"和"居敬穷理"为特点的理学伦理思想以及以"致良知"和"知行合一"为特点的心学伦理思想的提出,都在突出"德"之于人以及人与人相处交往的具体价值导向和规范要求。

儒家经典著作《大学》首句"大学之道,在明明德,在亲民,在止于至善"(《大学》)就是说,大学之道实为修己以成人成物之道,具体在于彰显领悟光明的德性,亲近爱护人民,将光明的道德融入人民日常的生活中,最终达到至善的目标。《中庸》言:"故曰:苟不至德,至道不凝焉。故君子尊德性而道问学,致广大而尽精微,极高明而道中庸,温故而知新,敦厚以崇礼。"《中庸》强调"至德"乃成圣成君的至道,所以君子圣人需要非常重视道德德性,并且需要通过求教、学习使自己的德性高明以至通达中庸。《孝经》是儒家阐释其孝道思想的一部著作,其不仅阐释道德之于人的重要性,更将道德具体化为"孝",认为孝是道德的根本,是百姓一切教化的源头,并且将家庭之"孝"推扩至国家治理层面,将"孝"作为德政的根本。

综上,可以见得,儒家思想自孔子发展至今,儒家文化的崇德重德特质体现在中华民族人伦日用的方方面面,梁漱溟先生在总结中国文化特质时,认为中国社会"道德气氛特重",[①] 政治提倡"为政以德"、经济提倡"重义轻利"、做人提倡"德才兼备"、文学提倡"文以载道"、艺术提倡"真善美"的有机统一等。这种一以贯之的崇德向善的特质,使得中国文化具有道德力量,以道德精神为主导。[②]所以,在辜鸿铭看来,中国人之所以不需要宗教,在于中国文化儒家学说中的人生哲学和规范体系,完全能够取代宗教的价值和作用。[③] 这是中国文化相较于西方文化最大的差别及优势所在。

钱穆先生虽持"儒学主干论",认可儒家思想为中国文化的主干,看似

---

① 梁漱溟:《中国文化要义》,上海人民出版社,2005,第21页。

② 陈来:《孔子思想的道德力量》,《道德与文明》2016年第1期。

③ 辜鸿铭:《中国人的精神》,孙永译,湖南人民出版社,2022,第53页。

有文化保守主义或文化独断论之嫌，但在对钱穆先生的学术思想做一系统深入的了解之后，我们需要为先生正名。正如钱穆先生自己所言，"儒学亦仅为中国传统文化中一主干，除儒学外，尚有百家众流"①。正如学者罗义俊所认为的，钱穆先生的儒学主张"既然是主干论，那就不是封闭型的保守主义和僵硬不化的独断论、排斥一切的唯一论。这是他承先儒'道并行而不悖，万物相容而不相害'观念而来的开放的学术文化心态所使然的。钱先生的一脉分张论之'分张'亦自内含并可展出学派竞流的意义"②。

二 中国文化精神的核心是道德精神

提到中国文化的道德精神，首先要从中国文化的人文精神说起。因为中国文化最为显著的特质首先表现为人文精神，即以人为本，始终以道德为中心。中国文化精神始终将这种人文精神、道德精神贯穿于中国文化的始终，"中国传统文化，彻头彻尾，乃是一种'人道'精神、'德性'精神"③。

钱穆先生认为，中国最早的"人文"观念出于《周易·贲卦》："观乎人文，以化成天下。"人为万物之灵，是动物之中具有理性的存在。"物相杂故曰文"，"文"可理解为人事物交杂在一起所呈现的花样，所以人与人、物与物、人与物之间皆有花样，"人文即指人群相处种种复杂的形相"④。人文既可以改造自然，又可以化成父子、夫妇等人伦大道，还可以化成家庭、社会、民族、国家等结构组织。"男女既成夫妇，就当有夫妇之道；老少既成父子，就当有父子之道，既有人、我之分，就当有人与人相处之道，即所谓'人道'。如果人人都只顾自己的利害，无视别人的生死，结果岂不是要'人将相食'，变成禽兽世界？因此讲人文精神，必须着重于'人道'这一点上，要人人都知道彼虽不是我，我也不是彼，但大家都是人，都应该要讲人道。"⑤ 诚如钱穆先生所说，有人文，即有人与人相交杂的种种花样，即有人与人相处的种种花样，即有"人道"，由中国人特有的人文观进化至人道观，指导、约束和推动着人们的日常生活，这里的"人道"，也就是道

---

① 钱穆：《朱子新学案》（一），《钱宾四先生全集》（11），第2页。
② 罗义俊：《论钱穆与中国文化》，《史林》1996年第4期。
③ 钱穆：《民族与文化》，《钱宾四先生全集》（37），第50页。
④ 钱穆：《民族与文化》，《钱宾四先生全集》（37），第5页。
⑤ 钱穆：《中国文化丛谈》，《钱宾四先生全集》（44），第333页。

德。中国文化的人文精神需要通过道德落实和实现。所以中国文化人文精神的核心即为道德精神，中国文化的核心即为道德精神。

1. "道德精神"要义

在钱穆先生看来，道德精神是儒家在人们的生活、日常人伦中对人道德人格进行内在超越的表现。[①] 中国传统文化以道德为核心、以道德精神为核心精神。何谓"道德精神"呢？概言之，中国文化之"道德精神"以个体道德自觉为始点，以人性向善和人生不朽为主要内容，以高尚的道德人格理想为目标。

首先，"道德精神"以个体道德自觉为始点。这种道德自觉，在钱穆先生看来，是人们内心的自然要求，并非由外力所强加。[②] 儒家思想认为，道德是人心主动之善心善念的自然流露，是人心的自然要求和必然趋向，人们这种道德自觉往往与心安的内在心理相契合。此外，从人和人生的自我需要方面来讲，人们意识到需要通过道德来满足特定的自我内心需求，所以会自觉遵守道德的规范和要求。之所以这么说，是因为钱穆先生认为，道德并非某位圣贤、某个机构所制定强加于人的，而是在人们的生活体验和人生实践中逐渐产生和创制的。道德来源于人们的生活，是人生的反映，并非呈现于典章制度中的训诫教条。所以，道德并非被动的对外事外人外物的接受-反应，也并非由外界强加的，而是一种自觉的心理反应和行为体现。道德源于生活、源于人们的实践，进而也能够指导人们的生活、实践及人生。所以当人们认识到这一点，就会认可道德之于人生的作用，就会从内心自觉地去遵从、践行道德，使对道德的践行成为真正的道德自觉。从内心自觉地去认可道德、涵养道德、践行道德，才算真正的道德精神。钱逊先生也认为道德精神重要之处是自觉，他引孔子"心安"的观点认为，人们讲道德是出于自觉地要求自身，而非外力强加，人们对于道德的自觉即为，如果不讲道德、不行道德，内心便会不安。[③] 人们的这种自觉的道德精神，意味着在中国传统文化当中，人们受到道德的教化，进而认同和认可道德的内容和作用，进而将这种外在的道德教化内化为内在的道德自觉，

---

① 罗义俊：《论钱穆与中国文化》，《史林》1996年第4期。
② 钱穆：《中国历史精神》，《钱宾四先生全集》（29），第150页。
③ 钱逊：《中国传统道德精神》，《齐鲁学刊》1994年第2期。

并将这种道德自觉视为人生安身立命之道。

其次，"道德精神"以人性向善和人生不朽为主要内容。钱穆先生认为中国传统文化中有两个重要的道德观念和道德理论：其一，信仰人性向善；其二，追求现世人生的不朽。

钱穆先生认为，中国人非常重视人性向善。强调人性可向善、人性必向善；相信与人为善、为善最乐、众善奉行的价值取向和道德原则；相信通过善能够尽己之性、尽人之性、尽物之性、参天地之化育；相信人生的理想境界能够依赖至善以达天人合一。中国传统道德思想，在人性善的基础上，建筑人与人相处之道，这就是人道；在人性善的基础上，修养培育出人之为人必要的德性，自觉遵守之，"择善而固执之"，这就是道德。

在西方，人们认为肉体和灵魂是两种不同的生命，存在于现实和超越两个不同的维度世界，肉体是可生灭的，而灵魂是不朽常存的，灵魂在上帝的支配下，可以使人得到前世、现世、来世不灭的循环不朽。中国人将现世的德性彰显、止于至善、成圣成贤的理想人格，达至天人合一的理想境界视作人生的价值追求，一切的追求都在现实人生上下功夫，一切的追求在于人生的真正不朽。钱穆先生认为"三不朽"中，"立德"是人生不朽最为重要的手段，"中国观念中之立德、立功、立言，'德'为首，'功''言'次之"①。因为道德是可以存在于每个人心上、身上，也是每个人都能够做到的，而能够立功、立言的人却只是个别的。所以，人生不朽的价值追求需要落实到每个人，成为每个人的道德精神，通过道德的涵养和实践，使自己能够活在他人的心中，以达不朽。

最后，"道德精神"以高尚的道德人格理想为目标。在钱穆先生看来，道德精神是"中国人所内心追求的一种'做人'的理想标准。乃是中国人所向前积极争取蕲向到达的一种'理想人格'"②。中国传统文化以"成人"为理想目标，推崇以人心性修养之道德为主的"内圣"理论。"内圣"强调每个人都有向善的天性基础，都能够通过道德修养成就理想完美的圣贤人格。"故中国文化，最简切扼要言之，乃以教人做一'好人'，即做天地间一'完人'，为其文化之基本精神者。此所谓好人之'好'，即孟子之

---

① 钱穆：《中国历史精神》，《钱宾四先生全集》（29），第157页。
② 钱穆：《中国历史精神》，《钱宾四先生全集》（29），第142页。

所谓'善'，中庸之所谓'中庸'，亦即孔子之所谓'仁'。而此种精神，今人则称之曰'道德精神'。"①道德存在于每个人的心上、身上，每个人都以道德为做人之要求，都以成就完美人格为追求和目标，都以理想人格的目标指导行为实践。正如孟子所言，"人人皆可为尧舜"，每个人以这种理想和目标内养己德、外践德行，就算具备道德精神，也能够通过这种道德精神成就完满理想的人格。

可见，钱穆先生所理解的道德精神，主要强调人们需要理解真正的道德价值，并需要真正的、纯粹的道德意识、道德自觉、道德信仰和道德理想，只要人们发自内心将道德视为自觉、信仰、理想和价值所在，就算是得到道德精神的真谛，所具备的道德才能上升为道德精神。

2. 中国文化之"道德精神"的价值

中国传统文化之道德精神以个体道德自觉为始点，以人性向善和人生不朽为主要内容，以高尚的道德人格理想为目标，其之所以能够成为中国文化的核心精神，受到世代中国人的重视和尊崇，在于此道德精神与中华民族道德个体的内在价值取向和精神追求高度契合。除此之外，还在于这种道德精神是中国文化绵延持久的依靠。也就是说，中国文化道德精神的价值不仅在于成就每一个道德个体，还在于支撑、延续中国文化的发展。

钱穆先生在对比中西文化差异之时，将西方文化归为"外倾型"，将中国文化归为"内倾型"。内倾型的中国文化注重以人为本，注重从每个个人的内心去寻找、创造价值，所以中国人特别重视道德。因为"道德精神是无条件的，在任何环境下，都可以发挥。因为，我们只有讲道德，才能使每个人发挥其最大的力量，尽其最大的责任，而享受到生命之最高快乐与满足"②。在钱穆先生看来，真正的道德是"无条件"的，可以不受外在因素的控制，只要道德是人心所真正欲求的，就可以有德、行德，所以，每个人都可以具备道德。社会当中每个人都以道德精神为指导，就会如小流汇成江海，形成中华民族崇德向善行善的合力，达至"修身、齐家、治国、平天下"。还因为道德精神虽然不是宗教精神，但其中包容有宗教精神。道德精神与宗教精神一样，具有强大的生命力和凝聚力，成为中华民族长久

---

① 钱穆：《人生十论》，《钱宾四先生全集》（39），第70页。
② 钱穆：《中国历史精神》，《钱宾四先生全集》（29），第159页。

以来的共同信仰。在中国传统文化中，道德精神的宗教性质集中体现为人们对自己天性之善、人性向善的信仰，对道德价值的信仰，对道德理想的信仰，所以钱穆先生将这种中国文化中特有的具有宗教精神、宗教性质的道德信仰称为"人文教"。"在这种人文宗教的精神之下，人类可从几十年的'自然生命'，转进为绵历千万年的'历史生命'，和'文化生命'。"①

所以，中华民族始终将道德精神贯穿于人生，凝结成推动中华民族前进的伟大动力，并赋予其永恒的价值和意义。中国文化绵历数千年，在此期间，中华民族始终将道德精神作为民族文化的核心精神，鼓舞和支撑着民族的信仰和价值观。中华民族也正是通过这种强大的道德精神力量保有自身生命的活力和定力持续、发展。② 道德精神之于中国文化的价值和意义在于其以坚定的道德力量、道德向善力量、道德向上力量推动中国文化绵延持久、保持生机，并且在中国文化发展的未来，继续释放其强大的力量，正如钱穆先生所言，"中国以往文化精神正在此，以后的光明前途也在此"③。

综上，中国文化之道德精神在内涵、基础、内容、目标方面与中华民族道德个体的内在价值取向和精神追求高度契合，并且以其特有的凝聚力、复活力、生命力推动中国文化的存与续，成为中国文化发展的最为重要的动力，所以，道德精神是中国文化精神的核心。

钱穆先生的文化观推崇道德的核心地位，崇尚道德精神，这给我们一种"道德万能论"的感觉，似乎人生的发展、文化的发展全部得依靠道德。其实不然，在钱穆先生的文化三阶层论当中，也明确通过文化阶层的演进规律肯定了经济的基础地位，以及科学、政治的辅助地位。只是钱穆先生通过深刻洞悉中国传统文化，把握到了中国传统文化注重道德的客观事实和特点，认为中国传统文化以道德为核心和灵魂，影响文化诸要素。

三 中国文化的主要特质和中心思想为性道合一

在钱穆先生看来，中国文化的主要特质和中心思想即为"性道合一"四字。"此一'德'字，即是性道合一。"④ 此四字出自《中庸》"天命之谓

---

① 钱穆：《中国历史精神》，《钱宾四先生全集》（29），第 152 页。
② 钱穆：《中国历史精神》，《钱宾四先生全集》（29），第 159 页。
③ 钱穆：《中国历史精神》，《钱宾四先生全集》（29），第 159~160 页。
④ 钱穆：《中华文化十二讲》，《钱宾四先生全集》（38），第 165 页。

性，率性之谓道，修道之谓教"。其意思可以理解为上天所给予人的气质被称作"性"，人依照天赋之性行事被称作"道"，修道需要通过教化来完成。据此，钱穆先生将中国文化的主要特质和中心思想概括为"性道合一"，这需要我们进一步去理解"性"、"道"以及"性道合一"。

1. "天命之谓性"之"性"

"天命之谓性"，表达了一种生命之自然本源观，性来源于天，天规定了人所应有之自然本性。"天"并非代表物质实体的那个"天"，其代表一种形而上的义理之天，是宇宙万物内在的道德本体。唐孔颖达注疏曰："'天命之谓性'者，天本无体，亦无言语之命，但人感自然而生，有贤愚吉凶，若天之付命遣使之然，故云'天命'……人自然感生，有刚柔好恶，或仁、或义、或礼、或知、或信，是天性自然，故云'谓之性'。"（《十三经注疏》）上天本无一实体，也不会用言语发布命令，但人始有生命，其命运自然而然地有贤有愚、有吉有凶，就像是上天早就安排好了性命命运一般，所以称为"天命"。"性"代表的是一种形上之天的人的生命所具有的本有自性，人天生就有刚柔好恶等特性，并有仁、义、礼、智、信等德性，这些都是天赋人之自然而然，是人本有的样子和特性，所以说"谓之性"。朱熹从其"性即理"的角度对"天命之谓性"的理解是，天在生化万物的生命之初，就赋予了理在其中，人与物的生生自然，应各自遵循上天所赋予的理，方能"健顺五常之德"，这就叫作"性"。所以孔、朱均认为，天地在化生万物的原初阶段，就将道德德性化育给了人们，都是从"天"即人们道德本体的角度理解"天命之谓性"。

在钱穆先生看来，中国人最为看重的就是"性"字，心之所"同然"则称性，人人各异，人心各异，但在此相异之中，仍然能够找出一个共同点，就是人心之同然，即人性。人生的一切活动都根源于此，具体到中国的人性学说，主要倾向于"善"字。无论是人性本善学说还是人性本恶学说，其最终的价值指向都是引导人向善成善。中国道德思想从先秦诸子开始，针对"人性"展开了丰富的讨论，各家根据自己的人性观点，发展出相应的道德哲学。

孔子讲"性相近也，习相远也"（《论语·阳货》），是指人在其自然本性上相近似，是"习"之教育、修养、环境影响的不同导致后天社会属性的相异，但他未对人性做出善恶的区分。《论语》关于"性"的论述并不多，但多言"命"，因为性是"天所命"，所以命与性也有内在联系，"知命"也就"知性"了。

孟子在孔子"性相近"人性观点的基础上，通过反驳告子"性无善无恶"的观点，提出，人们之间存在一种共通共同的由上天赋予的人性，即人性本有的"恻隐之心、羞恶之心、辞让之心、是非之心"这四种善端善性，并由其生发出"仁、义、礼、智"四德，强调这种善端、善性和善德是人与禽兽最大的区别所在。钱穆先生认为孟子性善学说的意义，在于启迪和鞭促人们向上的自信和努力，拥有了向善向上的自信和努力，才算领会到孟子性善学说的真意。根据孟子人人都具有善性、人人都可向善，可见其学说之内涵的平等意义；人人只要向善、为善，循着善良本性的自然而然发展，都能达到至善的人生，这是其思想当中包含的自由意义。有一点需要注意，孟子所主张的人性善，是指人性本来的状态只有善、没有恶的成分吗？钱穆先生认为不然，孟子所主张的人性善的理论，确切地说，应该从善性的来源来理解，即人之善本源于人性，但不代表人的天性是纯善的，人性善的理论更多的是启迪人们对善性的觉悟和认同，相信人性皆有善以及人性皆可为善，这样才能更好地引导人们遵循善性、发挥善性、追随善性。

"生之所以然者谓之性。性之和所生，精合感应，不事而自然谓之性。"（《荀子·正名》）荀子也持一种生之自然的人性观，并且认为人性都是好利恶害的，所以人性本有的样子是恶的，要想改进人之本有的恶性，需要"化性起伪"，通过后天社会的环境改变、教育感化、道德修养，具体化为"礼""义""群""辨"等改变人性之恶。

针对孟子和荀子相反的人性预设前提，钱穆先生认为，荀子言人性本恶，认为要抑制人的恶性需要靠后天之教育、法律来引导约束，但荀子没有认清一点，即人最为原初的状态只是一个人，这个人纯粹只有己身，上天并未创造出人的文化、教育和法律等人道，那么帮助人们改变善性的要素从何而来，亦要从人自身来，人意识到需要通过手段抑恶从善，其中就暗含"善"，所以荀子的理论比较难以说通。孟子的性善论如何能够说通呢？孟子认为，人性显现于人的心上，当人们听见、看见或感受到对他人、他事、他物不好的行为、倾向和结果就会感到内心不安。例如，在丧葬之礼未出现之前，人们往往将死去之人曝尸野外，当某人看到自己死去父母的尸体暴露在荒野被动物啃咬、被蚊虫叮食、被风雨腐化的时候，就会心生不安不忍之情，便想着挖一个坑将尸体埋入土内，减少外界对其的损毁。别人看见也继起效法，同发此心，同具此行，久而久之，丧葬之礼的习俗便形成并流行开来了。所以孟子的性善论并非指称人性本来是纯善的，而是强调人性中有善的成分，善的成分居多，即便先起之性有恶，人们也可以通过继起之性去发现恶，并且心生不安，所以人性都是可以向善的，都具有向善的趋势。因为这符合中国人的内在心理倾向，并且更具外在规范和约束意义的引导性，所以在中国更倾向于认同孟子的性善论。由孟子和荀子的人性理论可以知道，二者人性预设的不同仅在人之"先起之性"，二人对人性的后天发展趋向即后起之性的价值指向都是对性善的肯定以及对向善的期待。由此可见，中国传统文化最重视"人"，于人中最重视"人性"，进而从人性出发，指示（生发）出人道、道德，人生的价值指向应是向善、为善。这是中国重视人道、重视道德的依据之一。

有人将中国人所谓"性"理解成西方的"本能"，也有人认为"性"就是自然，钱穆先生均否认了这两种说法，认为中国人的"性"并不能完全指代自然，"本能"也不尽能表达"性"所代表的含义，更确切的说法应该是性来源于自然，即性来源于"天"，并不代表"性即是天"。相较于"本能"而言，"性"指"一切有生物，尤其是人，显然有一个求生、好生、重生、谋生的倾向，有一种生的意志"。[①] 所以"性"更具有一种价值指向性，是对"生"的一种向上的追寻和要求。与此同时，西方所讲的"本能"，主要是从人自身的身体所具有的生理机能方面而言，是从身体之物质实体层面来理解的，而中国所讲的性是超越人的物质身体机能方面的更高层次的"性"，是凌驾于物质实体的"性"。

综上可知，钱穆先生所理解的"天命之谓性"之"性"，首先，人生一切根源所在为"人性"，性由天赋，是人本有的一种自然属性，并具有一定的价值指向。其次，无论是人性善还是人性恶理论，二者都不是绝对对立的，二者都含有一个共通点，即强调人性是向善的，在中国传统文化中，"善"的观念必不可少。最后，人性非本能，二者在价值属性、价值指向方面各有不同。

---

① 钱穆：《中华文化十二讲》，《钱宾四先生全集》（38），第11~12页。

2. "率性之谓道" 之 "道"

"率性之谓道" 是一种生命本性的活动观, 揭示了人类活动性与道之间的关系, 并强调了人的主观能动性。郑玄解曰: "循性行之, 是谓道。" (《十三经注疏》) 即人与物率性而行, 遵循生命本然的要求, 合乎生命规律的行动, 就是 "道"。这里的道, 不仅指与人相关的社会人伦、风俗习惯、行为准则、规律秩序等社会法则, 也指与万物自然相关的宇宙存在之本源和规律。所以 "道" 是 "人道" 与 "天道" 的统一。这与儒家和道家对 "道" 的理解有一定的关系。在儒家孔子那里, "道" 无论是指 "仁" "义" 还是 "中庸" "忠恕", 或者是强调修身与行道的统一, "道" 都与人之德性联系在一起, 所指示的是 "人道"。而在道家那里, "道" 首先是具有普遍性和永恒性的超越万物之终极所在, 是宇宙之源和天地之本, 首先指称的是 "天道"。综合二者之思想, 即得 "道" 是既指称天道又指称人道的天地人物的终极所在。在以儒家思想为主导的中国文化中, 更加注重 "道" 的人道含义, 朱熹言: "人物各循其性之自然, 则其日用事物之间, 莫不各有当行之路, 是则所谓道也。" (《中庸章句》) "道者, 日用事物当行之理, 皆性之德而具于心, 无物不有, 无时不然, 所以不可须臾离也。若其可离, 则岂率性之谓哉! 是以君子之心常存敬畏, 虽不见闻, 亦不敢忽, 所以存天理之本然, 而不使离于须臾之顷也。" (《中庸章句》) 朱熹顺承儒家德性之至的一贯理路, 将 "道" 由远离人生的抽象之天地范围, 拉回到人生事物的现实实践当中, 认为 "道" 是与人生日常紧密相关的皆性之德, 所以应该时时事事存于人心之中、行为之上, 作为人们敬畏而不敢忽视的天理之本然来遵循。在钱穆先生看来, "道" 不仅指称中国传统哲学的 "人道" 和 "天道" 的范畴, "中国人对文化二字的观念, 常把一 '道' 字来表达。道, 便是指的人生, 而是超出人生一切别相之上的一个综合的更高的观念, 乃是指的一种人生之 '共相'" [①]。所以, "道" 不仅使人与人之内心间相互 "感通", 也指人生、人类生活的共有之道, 也即文化。

"率性之谓道", "性" 和 "道" 无论是在本体层面、属性层面还是目的层面, 都具有深刻的联系。首先, 就本体层面而言, "性" 是 "道" 的来

---

① 钱穆:《中华文化十二讲》,《钱宾四先生全集》(38), 第7页。

源和标准，"一切由性发出的行为叫做道"①，即认为"人生一切大道必根源
于人性，违逆人性的决不是人道"②，道总是以人性为价值尺度和界限。其
次，就属性层面而言，人性指示人道，人道由人性决定，人性相同，人道
亦相同。最后，就属性层面而言，"道"是有外在标准和要求的，这种道是
要将人性发展到圆满无缺的程度才算得上真的"道"。要想达到人性圆满无
缺的理想状态，就需要"尽性"，在《中庸》的思想进路中强调了坚持至诚
之德所能达到的理想境界，其实可以将这种至诚的道德，推扩至由人的善
心善性源发的道德的总体。也就是说，唯有坚持由善心善性生发出的善良
德性，才算得上充分发挥人的本性。

3. "性道合一"

钱穆先生讲"性道合一"源于《中庸》之"天命之谓性，率性之谓
道"。连接性道的中间环节，《中庸》谓之"诚"。"诚者，天之道也；诚之
者，人之道也。"（《中庸》）"诚"在《中庸》具有至上的地位，所指的是
人的"诚"之道德品质和"至诚"之道德境界，是连接天道和人道的核心
枢纽。将"诚"作为天道和人道共有之理，并起到连接天道和人道作用的
思想并非《中庸》所独有，早在孟子那里，就有过类似的观点："是故诚
者，天之道也；思诚者，人之道也。"（《孟子·离娄上》）所以"诚"，既
为天道，也是人生法则。"诚者不勉而中，不思而得，从容中道，圣人也。
诚之者，择善而固执之者也。"（《中庸》）对于圣人来说，诚是人之自然，
"不勉而中，不思而得"，但对于圣人之外的普通人来说，要想做到"诚"，
就需要"择善而固执之"。"诚者，非自成己而已也，所以成物也。"（《中
庸》）诚，不仅可以成就自己，成就人道，更可以将这种功能和作用延伸
到人之外的万物，以成物，即将"诚"延伸到天地自然万物的境界。"诚"
之上还有"至诚"之境界，如果人到了"至诚"的修养境界，就能由尽达
己性到尽达人性，符合所有的"道"，也即道德规范。尽达人性便能尽万物
之物性，进而可以参与帮助天地人物之化育，最终达至天地合一的理想境
界。由此可见，《中庸》通过"诚""至诚"达到了天道与人道、天德与人
德的合一，所以诚被谓为诸德之德，有德之综括的意涵，据此，我们也可

---

① 郭齐勇、汪学群：《钱穆评传》，百花洲文艺出版社，2015，第43页。
② 钱穆：《中华文化十二讲》，《钱宾四先生全集》（38），第13页。

以从宽泛的层面做出如下理解：连接天道与人道的中间枢纽，即为人之德。

"性由天生，道由人成。中国人讲道德，都要由性分上求根源。换句话说，道德价值的源泉，不仅在人心之中，尤其在天心之中。"①中国传统文化多由天赋人性来指示人道，再由德性人道来附和人性以顺应天道复归于天，达至天道与人道的融合。"性之德也，合外内之道也"（《中庸》），中国传统文化通过"诚"等诸德上达天道、下行人道，成为连接"天道"与"人道"的中间环节，所以，"性道合一"原出于性，性原出于天，"性道合一"原出于天；"性道合一"的连接中心是德；"性道合一"最终的指向和目标是天人合一，即指向天，复归于天。性道合一的生成路径由"天—性—道—天"加入了关键性的"德"，成为"天—性—德—道—天"的模式，所以性道合一的关键在于"德"。"天—性—道—天"的模式使我们不能看到性道融合为一的核心和关键之处，"天—性—德—道—天"的生成路径，使我们能够看到"德"的来源及功能，并明确其在中国哲学和传统文化中的关键和核心地位。

道德在中国文化中为何如此重要？除却其是连接中国哲学"性""道"范畴的重要环节，还有其他原因吗？钱穆先生认为，中国古训所谓"立德、立功、立言"之三不朽，"立功"只是一时的贡献，并且"立功"需要有外在机缘的条件配合；"立言"可以成为万世之教训，但要想让自己所言经得起历史的检验和沉淀，所言需达到近乎真理的标准，似乎比"立功"更难。由此看来，此两者的成立，都不是靠一己之力所能掌控和决定的，都需要外在的条件，所以在现实人生当中，能够真正立言、立功者有限。"立德"则只在一己，需要个人反求诸己、自尽我心，只要人人积善成德，人人皆可为尧舜，达成立德之不朽。由此看来，立德只求自尽在我，立德最易，人人皆有立德的可能性。所以中国文化的伟大之处就在此，将文化建立在人类崇高之品德上，强调做人以德的重要性。无论你身处何方、地位高低、职业为何，无论你是善人、君子还是圣贤，做人都是人生第一目标。人生在世，"做人"应是最基础也最崇高的标准，无论人生世事如何变化，"天下大乱，每一人的心可以不乱。天下无主，自己一心仍可有主"。都不能失了乱了"己心之主"，此"己心之主"便是"德"。

① 郭齐勇、汪学群：《钱穆许传》，百花洲文艺出版社，2015，第43页。

　　"德"在"性"与"道"之间处于连接二者的中枢核心和关键地位，如何实现"德"？德除却需要通过自身的修道即道德修养来获得之外，还能够通过"教"获得，亦即"修道之谓教"。在中国传统文化中，人们不仅非常重视对道德的人性论基础的讨论、道德的具体德目的阐发，而且非常重视道德的培养和形成。道德的培养和形成主要通过主体自身的道德修养和主体外在的道德教化两种方式。

　　钱穆先生认为，"性道合一"在中国的具体表现还在于"人和人伦"。"人伦的'伦'字，也如丝旁的纶字般，两条丝以上始有纶，两个人以上始有伦。伦是人与人相配搭。"① 从中国传统观念来看，每一个人都不能脱离社会而成为一个完全独立的"人"，所以，人都是在"群"中生活，也都是在"群"中成己、成人。中国人的生活，特重人与人相处之道即人伦，特重人与人相处之仁性仁心。并且把此仁性仁心，推扩至人之外的万物、天下范畴，故而有了"四海之内皆兄弟""民吾同胞、物吾与也"的说法。所以，人伦即人与人相处之道，人与人相处需要遵循社会秩序和条理，也谓伦理。受儒家孟子提出的"五伦"思想的影响，中国古人讲人与人的关系主要分为五类，即父子、君臣、夫妇、兄弟、朋友。"人伦之道，始乎夫妇"，五伦关系由夫妇关系开始，因为有了夫妇关系，才有父子，才能进而推扩至其他人伦关系。五伦关系的核心是父子之伦，父子之伦表现为"父慈子孝"，"慈孝"是"仁爱"的原点和基础。所以中国传统伦理的发展进路之一便为由家庭伦理之慈孝培植生发演变出社会伦理之人与人的亲爱仁仁。"中国人看重'父子'一伦，讲孝道，其主要用意在教人懂有'亲'。能亲自能仁，能仁自能爱。"② 这种由"亲"推出的"仁"和"爱"可以奠定做人的基础之道，将这种基础的德性，由家庭推扩至与他人交往之社会国家，做到君臣有义、朋友有信，乃至天下，达至理想的"为人之道"。

　　4. "性道合一"思想在中国文化中的地位和作用

　　中国传统道德思想之"性道合一"论揭示了人之生命发展的规律和原则，其核心思想和关键之处主要在于对"道德"以及"道德"涵养培育的重视。人的生命的后天发展，实际上是一种对生命内在本性的符合和遵循，

---

① 钱穆：《中华文化十二讲》，《钱宾四先生全集》（38），第26~27页。
② 钱穆：《中华文化十二讲》，《钱宾四先生全集》（38），第29页。

其中的各种努力都是为了遵循和最终达成生命本身之内在性规定。人们通过后天的修道以符合本性的需求和发展都是原本根植于人性的。所以，"天命之谓性，率性之谓道"之"性道合一"，即由天命之本性出发，通过保留、遵循和修养生命之自然本性，充分发挥生命本然之主观能动性，最终达至生命圆满完整之理想境界。钱穆先生将"文化"与人的生活联系在一起，将文化定义为人生，在中国文化中，在中国人的人生中，恰是把这种德性修养及伦理之道贯穿生活的始终，指导和衡量人们生活的方方面面。所以，钱穆先生将"性道合一"定义为中国文化的主要特质和中心思想。

"性道合一"之所以能够成为中国传统文化的核心和主要特质，主要在于其明确了中国传统文化的几个重要的问题：首先，明确了人性的形上依据和来源，即天。天在中国传统文化和中国人的心目当中，总是具有超越性、至上性、神圣性的存在。"性道合一"将人性归为天赋，同时也赋予了人性以超越性、至上性、神圣性的特征，让人们将人性的遵循自然而然地视为天经法则。除此之外，对"善"和"至善"价值的认同和追求，也赋予人性更多的"善"的含义以及"善"的可能，这给道德之基础的人性论定下了价值基调和发展方向。第二，从人性基础出发，阐释了本于人性的道德形成的方法——道德修养和道德教化。既然中国传统文化重人、重德、重善，那么"何以成德"，便成为关键问题之一。纵观中国文化发展历史，众多思想家在其思想中体现了道德修养之方和对道德教育的重视。道德修养和道德教育之"成德育德"方法也即实现"性道合一"的方法。第三，"性道合一"论揭示了中国文化崇德向善的特质。"性道合一"论无论是将"德"定义为上接天道、下通人道的核心环节，还是强调成德的道德修养和道德教育，都在突出中国文化道德的核心地位，突出中国文化的道德精神。第四，"性由天生，道由人成"，由"性道合一"可以更进一步探索和追求，达到中国文化的终极理想，"天人合一"。中国人言文化、言道德，最终总是要归于上天，达至人与天地自然之万物融合为一的境界，这是中国道德以及中国文化的终极理想境界。此一境界的达成，亦是从"性道合一"之道德修养中求得，由"性道合一"到"天人合一"的完满境界。

第四章　钱穆文化-道德观的价值

第一节　文化-道德观的学术贡献

一　深刻洞悉了中国文化与道德

钱穆先生的文化思想是人文主义的文化观，强调人及人的生活在文化中的主体地位和重要性，其将文化定义为人的生活、人生，并且强调了文化所具有的绵延性与持续性、综合性与融凝性、整体性与特殊性。钱穆先生在定义文化时所坚持的人文主义立场，与同时期很多思想家不谋而合。梁漱溟将文化定义为"人类生活的样法"①。二者都将文化与人的生活相联系，用文化涵盖人们生活的方方面面。对应人们的物质生活、制度生活、精神生活，文化也被大致分为物质文化、制度文化、精神文化，这是人们一般对文化最为广义的理解，钱穆先生所理解的文化，也大多从广义文化的层面去理解。

在钱穆先生对文化进行深层次认识和理解的基础上，立足其对文化的定义，将文化与人生相对应，得出文化三阶层论和七要素说，这样我们可以对文化具有更加深入的认识。文化三阶层论，通过对文化进行"物质的""集体的""精神的"三个层次的划分，让人们可以从较为抽象的层面对文化结构有一个初步的认识。按照钱穆先生的认识，文化七要素即经济、政治、科学、宗教、文学、艺术、道德，可以让人们更加直观地了解文化结构。文化三阶层论和七要素说的结构理论只是钱穆先生文化学的基础理论，钱穆先生研究文化学，重点在于从文化的角度去透视中国、分析中国。所

---

① 梁漱溟：《东西文化及其哲学》，商务印书馆，2010，第66页。

以在中国传统文化的视域下，钱穆先生的文化学理论能够帮助我们更加深入、具体地认识和理解中国文化。比如，中国传统文化在文化三阶层中的具体情况，突出表现为中国文化更加注重文化第三阶层的精神层面，更加重视人心内外的心灵交融，并且于第三阶层中最为重视道德。在文化演进中，表现出由第一阶层上升至第二阶层，再上升到第三阶层的顺序和规律，并以第三阶层的道德为文化演进的归宿。在文化七要素中，中国文化更加倾向于以道德为核心，并且指引和领导其他要素的发展方向。通过钱穆先生的文化理论，我们不仅可以从文化结构、文化要素、文化演进规律、文化比较等方面了解中国文化，更能了解中国文化的特质和精神。

基于钱穆先生对文化的定义和认识，可以了解到，钱穆先生在理解和阐述道德的时候，总是将道德与人的生活紧密相连。所以，钱穆先生在论及道德时，总是从人生哲学的角度，注重发掘道德之于人生的价值和意义。这也与钱穆先生的儒学背景和儒家立场息息相关。在他看来，中国道德沿着"修身、齐家、治国、平天下"的发展路径，由个体心性道德始，到家族道德和社会道德，道德与人们的生活息息相关，无处不在，既是对个体的成就和完善，也是对人际交往的圆满。道德产生和建基于中国传统的人性善的观念和信仰，并且立足于人们对现世、安乐、自由、不朽的价值认定和追求。道德的作用在于"成"，即"成己""成人""成物"。钱穆先生认为中国文化是最为重视道德的文化，所以人们也非常重视通过道德教育以成人，通过道德修养以养德，通过道德实践以行德，这样人生才能达至精神生活层面的安乐和满足，更加接近理想的人生境界。综观钱穆先生的道德思想，他始终站在儒家道德思想的立场之上，时刻体现其儒者的身份和价值取向。中国传统文化本身以儒家思想为主干，中国人在生活中原本也非常注重道德对己心及人际关系的规范和调节。

钱穆先生的文化观，最大的贡献在于，在其史学立场的基础上，"其一乃必将我国族文化演进的真相明白示人，积极的求出国家民族永久生命之泉源。其二乃应能于旧史统贯中映照出现在的中国之种种复杂难解的问题，以为改进所本"。"它表现为以揭示文化真相、文化认同与文化担当为史学宗旨。"① 钱穆先生的文化观与道德观，深刻洞悉了中国文化和道德，

---

① 罗义俊：《论钱穆与中国文化》，《史林》1996 年第 4 期。

客观反映了中国文化与道德的现实、精髓和特质。这对我们更加深入、具体地了解和认识中国人文主义文化观、中国传统道德思想，提供了独到的见解和理论依据；也为我们传承和弘扬中华优秀传统文化，发挥其中的道德精神，加强当代中国文化建设和道德建设提供了理论支持。

二　厘清了中国文化与道德的关系

钱穆先生在讨论中国传统文化时，总是将道德置于重要位置，如前所述，在钱穆先生看来，"中国文化可一言蔽之，乃是一种最重视道德精神之文化"[①]。所以，我们可以从钱穆先生对中国文化的论述中，从文化视角对道德的理解和诠释中，了解、认识中国文化与道德的关系。

首先，中国传统文化是伦理道德的母体和基础。钱穆先生的文化观是人文主义的文化观，始终强调人和人的生活的主体地位和重要性，他将文化定义为人类大群的集体生活，并且认为，人们最早的道德并非某位圣贤所指定的，而是来源于生活经验所达成的共识，生活对道德具有起源性和优先性。在中国社会，人们的价值观念体系来源于生活，来源于对生活价值和意义的追寻，作为价值观念体系核心的道德也来源于生活，来源于文化，人们的生活或文化生活先在于人们的价值规范系统，是道德观念形成的母体和基础。

其次，道德是中国文化的核心和灵魂。钱穆先生认为，文化从其横向层面划分，可将其分为物质层面的实体文化和精神层面的观念文化。物质层面的实体文化主要指文化的物质载体，即外在于人自身生活和生存环境的实体性存在。精神层面的观念文化主要指内在于人自身的思想、观念等，属于文化的灵魂，其中包括思维方式、价值取向、政治制度、风俗习惯、宗教信仰、伦理道德、心理情感等。道德属于人的精神层面的观念文化。在钱穆先生的文化理论中，文化所指的是人类生活的总体，人类生活是由多阶层、多要素构建而成，道德属于文化三阶层之第三阶层精神人生，并且是文化的要素之一。文化的核心是价值规范系统，道德作为价值规范系统的核心，也是文化的核心。钱穆先生将文化定义为人们的生活，从生活和道德的关系来看，道德规定人们生活的价值层面，生活的价值层面是生活的核心和灵魂，指导和规范人们的生活，所以道德是人们生活的核心和

---

① 钱穆：《中国文化丛谈》，《钱宾四先生全集》（44），第 113 页。

灵魂，亦是文化的核心和灵魂。除此之外，中国文化以儒家思想为主干、核心，儒家思想是中国"德性"主义文化的代表，以道德为核心，也可以推知中国文化以道德为核心和灵魂。

最后，从中国文化与道德相互关系来看，二者互相影响、互相促进。文化发展是道德进步的基础。如前所述，中国文化是伦理道德的母体和基础，文化和生活先在于道德，根据钱穆先生的文化演进规律，道德的进步需要以文化的发展为前提，所以，钱穆先生的文化观虽然非常强调道德的主体地位和重要性，但仍未忽视文化基础层次的经济、政治、科学等之于文化发展和道德进步的基础和辅助作用。同时，文化延续和发展的主体是道德，任何有活力的文化都必须以道德精神为基础，在中国，道德的进步可以指导和引领文化其他各要素的进步和发展，钱穆先生更将中国文化延续绵延、屹立不倒的功劳归结为中国道德精神所发挥的强大生命力。所以，道德进步是推动文化发展的动力。

钱穆先生的文化-道德观在对中国文化与道德进行深刻洞悉和认知的基础上，分析和厘清中国文化与道德之间的关系，这为我们进一步认识和理解中国文化和道德有一定的帮助。认识和理解了中国文化与道德之间的关系，也能促使我们认识到中国道德所特有的文化根基和土壤，认识到中国文化所特有的道德特质和精神，这有助于我们更加客观、准确地把握中国文化建设和道德建设的着力点。

三 彰显了中国道德特有的文化诠释路径

钱穆先生的治学由历史转向文化，原因在于，他认为，中国乃至世界所产生问题的根源都在于文化，解决途径也应从文化入手，所以钱穆先生的研究方向经历了由历史研究到文化研究的转变。

在钱穆先生的文化研究中，非常重视道德和道德精神，言中国传统文化，总是将其与道德紧密联系在一起，甚至认为"中国传统文化，彻头彻尾，乃是一种'人道'精神、'德性'精神"[①]。除此之外，还明确了在中国传统文化的视域下文化与道德的关系，这有助于我们更好地认识和理解中国传统文化和道德。钱穆先生这种从文化的角度理解和诠释道德的方式，

---

① 钱穆：《民族与文化》，《钱宾四先生全集》（37），第50页。

使得道德"更加接近生活，更加接近实践，更加强调人民群众作为文化主体的积极性与创造性"①。

首先，可以帮助人们用中国话语解释中国文化与道德。钱穆先生的文化-道德观，立足于中国传统文化，以儒家思想为本，深刻洞察中国文化与道德，其从中国文化的角度理解和诠释道德。不同于西方理性反思、宗教神启等道德诠释路径，钱穆先生通过对中国文化历史和现实的客观反映，揭示中国文化与道德之间的关系，揭示道德之于中国文化的地位与作用，揭示道德之于中国人的地位与作用。这种从中国文化的视角理解和诠释道德的方法和路径，能反映中国的客观现实、客观生活以及人们的生活经历和经验。这种对道德更加贴近生活、贴近实践的解释路径和方法，也能够使道德更好地指引、规范人们的生活和实践。

其次，可以帮助人们正视中国文化的优势。钱穆先生的文化理论，通过大量的中西文化比较，得出中国传统文化的特质在于最重道德，中国传统文化精神是道德精神。在中国传统文化中，道德首先以个人为中心，以个体道德修养为基元，由个人扩充至人人，遵循个体—家庭—社会—天下的道德实现路径，遵循道德向伦理的转化路径，使中国社会成为一个崇德重伦的社会，中国文化成为一种崇德重德的文化。值得注意的是，由个体践行道德延伸至家族道德、社会道德，在钱穆先生看来，是中国文化较于西方文化的优势所在。因为西方文化是外倾型的，总是向外物自然获取物质利益，但外物自然是不以人的意志为转移的，进而是不可控的。而中国这种道德实践的路径不同，中国文化属于内倾型文化，人人都注重向内己自身寻求价值和意义的实现，所以，只要人们认识到人人可向善、人人必向善，并且尽己之性以成德、践德，就能朝理想人格的方向发展，这是人人都能做到的。人人如果都能重德、崇德、践德，这个社会就会朝着和谐安定的方向发展。

最后，可以帮助人们认识中国传统文化发展和延续的主体是道德。在钱穆先生看来，中国文化能够永远富有活力，在于其能够以道德为基础和核心。人们的文化、生活中，只有包含道德意识、道德精神，文化才能够

①　肖群忠：《论中国伦理的文化根基与诠释路径》，《新疆师范大学学报》（哲学社会科学版）2016年第5期。

更有生命力，人们的生活也能够更具价值，人生目标也能更加明确。中国文化较西方文化的特殊之处，在于中国文化崇德重德。当然，钱穆先生并不认为道德是无所不能的，在其文化结构和文化要素理论当中，也将经济、政治、宗教等置于文化结构及要素较为重要的部分，并强调文化演进要以文化第一阶层的经济、第二阶层的政治制度为基础，层层推进。但这一切的最高统领应该是道德，由道德统领政治和经济，使政治与经济都具有道德性，道德在其中占据最为重要的位置。所以，要想更好地实现中国传统文化的继承和创新，需要从其精华处着手，重视对中国传统道德和道德精神的传承和创新。

第二节　文化-道德观对文化建设的实践价值

一　加深对中国文化特质和精神的认识

中国传统文化始终将"人"作为所有事物的中心，强调以人为本，终极理想和目标是天人合一，具有强烈的人文主义色彩，所以中国传统文化具有强烈的重人伦轻自然的特性。中国文化传承延续千百年的各派思想都显现出其"伦理本位、道德中心"的崇德向善特质。

中国传统文化以儒家文化为主干，核心价值为崇德向善，强调人人在为人处世方面讲求仁义内外，内修德性、外践道德，维护社会交往良好的伦理秩序，构建和谐的大同社会。钱穆先生将中国文化的特质定义为"道德精神"，即强调中国人在为人处世方面以人性向善为基础、以道德自觉为前提、以道德信仰为指引、以道德信念为支撑、以行为规范为约束的道德精神。所以，在中国现今大力提倡继承、发展、创新中华优秀传统文化的大背景下，认清中国文化崇德向善的特质是非常重要的。认清中国文化崇德向善的特质，不仅能够帮助我们厘清中国传统文化与西方文化之间的差异，正视中国传统文化，更能帮助我们借助对中国传统文化特质的认识，促进国民道德素质水平的提高，进一步促进国家社会物质文明和精神文明的双重进步。

认清中国文化崇德向善的特质，可以促进国民提高道德素质。在中国，国民道德水平的提升和国家文化水平的提升相辅相成，互为推动力。文化水平的提升是道德水平提升的基础，道德水平的提升是文化水平提升的核心。在清楚地认识到中国文化重道德特质的基础上，要想推动中国文化的进步和发展，就需要我们坚守道德核心，以道德建设为重点，以提升国民的文化水平和素质修养为突破，强化主体道德意识和文明素养，并努力实现以个体会聚成大群的整个社会的道德文明进步合力，进一步推动社会的道德发展和文化发展。

认清中国文化重道德的特质，也能够促进社会物质文明和精神文明水平的提升。中国文化以道德精神为核心，文化物质层面及精神层面的要素均受到道德的影响和制约。所以中国社会的经济价值观讲求义以为上、诚信为本、勤劳节俭，强调经济行为的开展要受到道德的制约、监督和过滤，对经济起到规范的作用。中国的政治体现为一种政治道德化，"政治之最高目的，为实现人类之道德生活"①。将道德视为政治治理的核心和目标，主张以德治国、贤人政治、家国同构和忠孝一体，强调政治治理既是为了规范和制约人们的行为，也是为了最终将社会治理成为人人讲道德的道德理想社会。中国社会的宗教也呈现一些观点与道德观点相统一甚至相一致的现象，正如涂尔干所言，一些道德观念会与宗教观念逐渐统一、融合，甚至会达到毫无差别的程度。② 在中国社会的历史发展长河中，就有将注重道德的儒家思想与外来的宗教佛教相结合，使得宗教教义与道德规范融合统一的情况。在中国传统文化的艺术创作过程当中，人们也会关注其价值理性及道德精神。中国传统文化中所重视的"礼乐"精神，将道德修养、道德规范与艺术修养结合、融会在一起，这是艺术与道德的完美结合，更是道德精神在文化艺术之中的具体体现。中国文化崇德向善的特质，始终以道德精神引领文化其他要素，使得文化的其他要素经过道德的过滤和提升，促进社会物质文明和精神文明的发展，使得社会物质文明和精神文明符合社会文化发展、社会文明进步的要求，更好地为人民服务。

二　加强对中国传统文化精华的认同和自信

钱穆先生的文化-道德观，从文化的角度理解和诠释道德，强调中国文

① 萧公权：《中国政治思想史》，新星出版社，2005，第332页。
② 〔法〕涂尔干：《道德教育》，陈光金等译，上海人民出版社，2001，第12页。

化是最重道德的文化，中国文化的核心精神是道德精神。道德精神是中国文化区别于异国文化的精神特质，也是中国文化得以绵延长久的关键之处。正确认识和理解钱穆先生的文化-道德观，有助于我们更好地认识和理解中国传统文化精华。

反观西方文化，中古时期的西方文化，是以基督教的兴盛为标志的，基督教的教旨将世界一分为两个层面，一层是现实的人世界，另一层是理想的神世界，二者当中，一个注重脚踏实地的现实，一个注重虚无缥缈的上天。现实的世界由人自身来主宰，是有限的、物质的；理想的世界由上帝之神来主宰，是无限的、精神的。"文艺复兴"运动将中古宗教文化之神世界的精神人生转向实际的物质人生，也就是"由灵返肉"，从此，人们也将人生的注意力由精神层面转入物质层面、现实层面、肉体层面。近代西方文化，主要有三种核心观念，即"宗教的""人生的""科学的"三位一体的文化。① 西方文化，注重个人主义的肉体的现实人生，不免忽视历史文化群体之长期的人生。中国文化却能够做到看重囊括历史的、群体的、人类生活本身的"历史文化群体长期人生"②。

中国文化源头便是自本自生，由一个源头逐渐发展流传、一脉相承。其发展演进的规律符合文化发展的一般规律，即由物质人生上升到政治人生，再由政治人生上升到道德人生，并最终以道德人生统领物质人生和政治人生，指导人们的经济生活、政治生活乃至一切文化生活。中国文化要素以道德要素为核心，人生追求在于求得内心精神世界的安与乐，所以即便中国文化是以农业为基础，钱穆先生认为，农业文化"在古代，易于受游牧文化之蹂躏；在近代，则易于为商业文化所摧毁"③，即农业文化有其天生的弱症，但由于中国文化的发展符合文化三阶层之演进规律，文化七要素之各部分的搭配也较为妥帖，农业经济相对而言较为稳定，所以中国文化得以由古代中国文化绵延至今，日大日久，推动中国社会前进。

在钱穆先生看来，中国文化最为重视道德和道德精神。为了说明这一点，他在文化理论当中处处彰显中国传统文化崇德重德的特点。在文化三

---

① 钱穆：《文化学大义》，《钱宾四先生全集》（37），第118页。
② 钱穆：《文化学大义》，《钱宾四先生全集》（37），第119页。
③ 钱穆：《文化学大义》，《钱宾四先生全集》（37），第83页。

阶层论中，认为道德属于文化第三阶层之精神人生，高于第一阶层的物质人生及第二阶层的社会人生，道德是表达精神层面价值规范系统的重要范畴。在文化要素中，将道德置于文化七要素的核心，并且认为在中国，道德发挥的作用较大，道德之于文化其他要素处于指引和统领的地位。在文化演进规律论当中，明确指出，正是中国传统文化的崇德重德特质，才能够使中国传统文化的发展经久持续，这是中国文化相较于西方文化的优势所在。在中西文化比较方面，钱穆先生从中西内倾型、外倾型的文化特点出发，认为中国文化，偏重于从理想层面去完成人、创造人，强调人们对人生价值和意义的追索，这样就需要中国人具备"德性"，中国传统文化也更加看重德性"成人"。而西方文化更加注重实际的物质功利。

钱穆先生认为中国文化的精神为道德精神，"为了论证和解释这种道德精神，他把儒家的性善论和人生不朽观视为这种道德文化的基础和主要内容"①。据此，钱穆先生通过自己历史流变的视角对性善论进行了阐发和讨论，认同"善"为人性的特点和心理趋向，"善"是中国文化道德精神之精神。人生"三不朽"理论论及人们对于人生价值的追寻，最终仍然指向对道德的信仰和追寻。性善论和人生不朽观构成了中国文化精神的基础，性善论赋予每个人能善、向善的属性，保证每个人的道德使命和文化使命；人生不朽观引导人们追寻生命的价值和意义，强调精神生命和文化生命的永恒性。在钱穆先生的道德理论当中，始终将道德视为人生价值和意义所在，其道德基础论在于指示道德从个体心性道德到家族道德再到社会道德的发展过程，明确道德贯穿人生"修身、齐家、治国、平天下"各个环节，道德的价值在于通过这种人生信仰实现人生自由及人生理想安乐。道德要义论体现道德的含义及道德的作用，并且表明中国传统道德的特征在于以人为本、重视人与人相处之道、具有宗教精神。道德教养论强调教育的重点在于道德教育，教育的目标在于"成人"，道德修养和道德实践是成人的必经之路和重要手段，道德境界是人生的理想之所在，这些向人们展示道德之于人生的重要性。

所谓文化自信，即文化主体通过对自身客体文化的认同过程，具体通

---

① 陈勇：《钱穆传》，人民出版社，2001，第327~328页。

过对文化客体的认知、比较、批判、反思，对自身文化形成肯定和确信的心理。① 通过钱穆先生对中国文化-道德观的深刻洞悉，我们对中国文化和文化-道德观具有的较为客观、正确的认识，加之钱穆先生中西文化比较结论，我们得以把握中国文化的特质和精神，把握中国文化自身的特色。文化认同的核心是价值观认同，文化自信的核心是价值观自信，崇德重德作为中国价值观念的核心，也是中国价值观念的精华，千百年来，绵延长久，一以贯之。不仅维护和促进中国文化的发展，更为中国人提供安身立命以及行为处世之方。所以，我们有理由坚定地对中国传统文化具有认同和自信，认可和相信中国文化具有的独特魅力和张力，认可和相信中国文化发展绵延至今所具有的无限生命力、复活力。

学者罗义俊认为，钱穆先生对中国文化的忧患意识并非对中国文化的悲观，相反，他认为这正是钱穆先生对中国文化的信心之处，他认为，恰是这种对中国文化的忧思更加体现出钱穆先生对中国文化的自信，并将这种中国文化特有的忧患意识称为道德的理想主义。②

三 推动中华优秀传统文化的传承和创新

对中华优秀传统文化的认同和自信只是基础、前提，当前中国面临的重要议题是如何保留、发扬固有的文化遗产，推动中华优秀传统文化的传承和创新。钱穆先生通过自己的文化学理论，充分论述了自己对中国传统文化的判断，即中国文化较之世界上其他文化具有自身独特的优越性，中国传统文化尚和守中、伦理本位、道德中心、天人合一等精神特质推动着中国文化和社会的发展和进步，成为中国社会历史发展的强大动力。当然，中国传统文化精华与糟粕并存，中国文化发展的进程呈曲线前进，有其明显的"弱症"，但我们对于中国传统文化的态度绝不应该是自卑的、蔑视的、摒弃的、排斥的，更不应该是完全否定的。中国人需要认清一个现实，就是如果连中国人自己都蔑视、摒弃、排斥、否定自己固有的延续数千年的文化传统，那么这将是中国文化以及中国社会面临的最大危机。所以，我们有必要清醒理智地去审视中国传统文化，对其做出客观公正的评估和

---

① 刘林涛：《文化自信的概念、本质特征及其当代价值》，《思想教育研究》2016 年第 4 期。
② 罗义俊：《论钱穆与中国文化》，《史林》1996 年第 4 期。

判断，以求对中国传统文化有一个清晰而准确的了解和评判。

在钱穆先生看来，要想实现中国文化的传承和创新，需要我们秉持客观、公正的态度去认识、反思、审视、评估自身所具有的传统文化。首先，需要我们从文化历史的客观真相和现实中把握中国传统文化，用沉静和理智审视中国以往的文化和历史。[①] 所以，需要我们深刻认知和洞察以往中国的历史和文化。其次，在面对西方文化的传入和冲击之时，钱穆先生对中西文化进行了多角度、深层次的比较，强调我们需要理智、客观地看待西方文化，切忌片面、武断地拿中国传统文化某一时刻的劣势同西方文化的优势做比较。最后，钱穆先生非常重视中国文化内部的自我调整与更新，强调文化之传统对于文化发展和更新的基础性地位。这就意味着钱穆先生极力强调文化发展的传承性、连续性，需要在民族、文化内部把握文化传承与创新的关键和动力，在符合中国传统和现实的文化力量中去寻找医治中国文化弱症的"良方"，找回文化自信。

在保持中国传统文化的连续性和传承性的基础上，钱穆先生认为我们对西方文化应有更进一步的理解和认识。面对西方文化的传入，中国人最初便抱持开放融合的心态，热诚注意、虚心接受。等中国人对西方文化有了初步了解之后，发现其与传统想象当中的西方文化有不同，西方文化并非如想象的那样只有教堂宗教、商业买卖、侵略扩张，其还有超越当时中国先进的一面，部分中国人对西方文化的兴趣越发浓厚，进而发展至推崇的地步，甚至出现了"全盘西化"的声音，这种思想，主张变革中国的传统文化，认为应该彻底修改、放弃与删除中国传统文化，代之以西方文化。这种思想虽然受到了部分国人的支持，但也遭到更多国人的反对。显然，反对者是更理智的，因为他们认识到，当时的中国文化较西方文化的待改进之处在于当时的中国文化自然科学方面的欠缺。中国为什么欠缺自然科学呢？首先需要澄清的一点是：中国文化当中并非没有科学，例如天文、算数、历法、建筑、水利、四大发明等都算得上与科学息息相关的产物。18世纪之前，中国的物质文明可谓在西方之上，只是到了19世纪，西方经历工业革命，科学技术突飞猛进，超越中国当时停滞不前的物质文明。其次，中国文化里虽然有科学，但当时对科学的重视程度还不够。中国人往往喜

---

① 钱穆：《中国历史精神》，《钱宾四先生全集》（29），第25页。

欢"向内看",所以过于抽象且逻辑性强的思维在当时的中国不适用,而科学需要严密的逻辑推演以及抽象思维去把握,是抽象的逻辑的向外推演。在科学思想方面,中国人对哥白尼的地动说、达尔文的进化论都没有像西方那样强烈的反应,因为中国缺乏西方的宗教信仰背景。在科学应用方面,中国人一向反对战争、侵略,反对欺凌、剥削,所以较之西方,中国缺少一种向外征服的欲望,而这种向外征服的权力欲望,恰是推动科技发展的主要因素。再次,中国传统文化从一开始便趋向于融凝合一、融和圆通,中国人认为中国文化早已和谐一体,在理性之中。最后,由于中国人常持"物我合一"的观念,认为世界万物与人相同,具有"物之性",所以中国人在对待物质事物时,常善于把握物里之性,而不喜欢从物外分析,无法把握事物的客观真理,缺乏科学的分析和验证。所以,要想复兴和修复中国文化,改变中国长期积贫积弱的现状,需要与西方文化做"解剖"对比,修补其相对短处,如果执意全盘推翻刷新,这是莽撞的文化革新路径。比如面对世界性战争,中国人会发现自己所秉持的尚和、天下太平的价值观是正确的,并且是必要的。所以,在钱穆先生看来,正确地面对西方文化的观念,应该是在中国传统文化的基础上,取西方文化之长、补中国文化之短。

在对中国文化进行一番客观的剖析和评判,以及将中国文化与西方文化做出一番比较之后,我们有理由承认中国传统文化的精华部分,自信其是中国文化发展及社会发展的强有之力,寻找中华优秀传统文化与现代社会和现代历史的契合点,进而推动中华优秀传统文化的传承和发展,释放中华优秀传统文化的活力和能量。

第三节　文化-道德观对道德建设的实践价值

一　培育中国文化崇德向善的精神

钱穆先生将文化定义为人类大群的集体生活,认为文化涵盖了人生的方方面面,与人生紧密相连。所以说人们生活在什么样的文化环境和氛围中,就会培育和养成什么样的个体人格。

在钱穆先生所构建的文化理论中,非常重视对道德精神的张扬。在其文化结构论、文化阶层论、文化要素说、文化演进说、中西文化比较论等文化理论当中，都将道德置于至高地位，并始终强调道德精神之于中国传统文化的核心地位和灵魂价值，这是中国文化区别于异文化最为根本和主要的特质所在。学者陈勇先生认为，钱穆先生在强调中国文化之道德精神时，突出强调每个个体的人格完善和道德修养，并将其置于所有问题的首要位置，个体的内在根本需求为道德的自我满足和确证，从而指引人生追求理想人格的圣贤境界。① 道德精神贯穿于中国文化的历史，引导人们将自身的道德修养和道德完善置于一切问题的首位，以自我人生价值的实现为需求，指导人们向往理想人格、培养理想人格并践行理想人格，始终指导和规范人们的生活和实践。中国文化注重道德，特别重视人的心性修养和道德境界的提高，强调如果人们重视道德精神、具有道德精神，就能给人生、生活带来无限的动力和力量。中国社会评史论事、褒贬人物，不以物质财富的多寡、政治地位的高低为最终目标，而是以是否具有道德精神为依据，理想人格也是以道德修养和道德境界的高低来评判。所以，在钱穆先生的文化与道德关系论中，强调道德的重要性，并且强调道德修养和道德教育对中国人塑造个体道德品质、约束人们遵守规范的重要性。

道德品质的获得以及道德品质的提升，一方面需要通过自身的修道即道德修养来获得；另一方面需要通过"教"获得，此即"修道之谓教"。在中国传统文化中，非常重视对道德的人性论基础的讨论，道德的具体德目的阐发，也非常重视道德的培养和形成路径，也就是道德修养工夫。道德的培养和形成主要通过主体自身的道德修养和主体外在的道德教化。孔子认为要具备"仁"德，能够做到"仁者爱人"，就需要通过"克己"的方法来达成，"克己"即克制自己不符合"仁"的要求的言语和行动，"克己"的标准即符合特定的道德规范、礼制习俗、政治制度等，具体要求为"非礼勿视、非礼勿听、非礼勿言、非礼勿动"，并且能够常常做到自我反省和自我批评。孟子在德性修养问题上强调要坚持"反求诸己"的原则，即向自己的内心去追求道德观念、道德情感、道德意志、道德品质，并且认为，内求这些是不需要外在条件的，只要是自己真心欲求的，就一定能够获得。此外，还提出通过"集义"和"明道"养君子、圣人、"大丈夫"

---

① 陈勇：《钱穆传》，人民出版社，2001，第 327 页。

之浩然之气。老子贯彻其思想之"无为"的观点,提出"为道日损"的道德修养论,认为人的修养过程,应该是去除和减少自身外在贪欲的过程,所以需要无为,人们从外在获得的贪欲等心思、行为减少和消失了,就能恢复到人们原初的那种纯净无瑕婴儿般的状态,在那种状态中,具备了人生应该具备的主要德性。宋儒代表程颐、程颢主张通过格物致知、格物穷理来认识道德、伦理的相关知识,先知其理再行其道,再由行道复回己身以成德。除此之外,还需要通过内心的"敬"之涵养工夫,防止人心沉溺于外物,"敬"就是内心意念的集中、心之理的坚守。王阳明在道德修养方面认为,"良知"是天赋于每个人的本能,它的作用是能够让人"知善知恶",并能够"去恶从善",以去除人之"私欲",恢复人之本心和良心,这就是"致良知"。在致良知的同时,王阳明还提出要以"省察克制"的主观能动性来清除自己的恶念、私欲、邪心,以达圣人境界。

"上施下效"的道德教化也是培养德性的重要方法。荀子在强调重视个体自身道德修养之外,也重视道德教育。"今人之性恶,必将待师法然后正,得礼义然后治。今人无师法,则偏险而不正;无礼义,则悖乱而不治。"(《荀子·性恶》)他认为要想化解和去除人们互相争斗、争夺的恶性,通过"师法"教化"礼义",可以从外部起到"化性起伪"的作用。韩愈在其"性情说"的基础上,强调教育在道德培养中的重要性,并得出其"性三品"说中"上者可教而下者可制"的结论,主要强调教育的重要性。韩愈强调教师的主要职责是"传道""授业""解惑",传道即教人如何做人、如何成人,教育学生树立正确的人生观和价值观,这些是排在首位的。对于教师来说,授予学生做人的道理比授予学生知识更为重要。朱熹在中国历史上不仅是伟大的思想家,也是一位伟大的教育家,朱熹把明人伦、育圣贤作为其从教的目的,强调道德在教育中重中之重的地位。

所以,中国文化崇德向善的特质,以及道德精神,是培育中国人道德品质的精神家园和肥沃土壤,培育和滋养着中国人的个体修养及自身素质的提高。坚定人们的道德品格、道德自觉、道德意志。

二 深化对生活和人生幸福意义的认识

钱穆先生将文化定义为人类大群的集体生活。文化与人的生活紧密相连,文化的功能在于推动人的生活发展和进步,并进一步为人的生活提供动力和目标，体现其价值和意义，所以我们也可以将文化理解为生活的本质。首先，人作为生活的主体，是一种文化的存在，即文化规定了人的属性。人区别于动物的最大特征在于人能创造和享受文化，文化使得人们脱离了动物式的生存状态，进入生活状态，因为生存的目的只求满足生命基本的存养需求，而生活的目的则是在满足生命基本的存续需要的基础上，进一步创造和实现生命的价值和意义需求。所以文化成了人生命价值和意义追求的体现。其次，人们在生活中不断创造文化，人们的生活也无时无刻不受到文化的影响和规定。毫无疑问，人类的文化是在人类漫长的物质生产和实践中创造和获得的，也是在人们的社会历史生活中创造的。特定地区、特定民族的文化一旦形成，便形成人们特定的价值观念、思维方式、行为习惯，指导、规定和影响着人们的生活。所以，人们的生活离不开文化的创造、更离不开文化的影响和规定。最后，人们的生活追求文化带来的价值和意义。如前所述，人类的生活不仅需要对生命的存续有要求和期望，更加需要在生活当中逐步提升自己、完善自己，体现自身价值、实现生活意义。然而这些在人的现实生活当中，需要通过文化来推动和实现，需要通过道德来推动和实现。

在钱穆先生看来，中国传统文化以儒家思想为核心和主干，儒家特有的"内圣"之学，非常重视人们通过道德德性实现自我的内在超越，将个人的修身、齐家、诚意、正心视为国治、天下平的根本，由道德教化引导政治治理。所以个人的道德自觉无疑为中国文化的始点，由内向外，依次推扩，以己身之修为始，扩展至齐家、治国、平天下；以己身之修为始，由己及人，扩展至天下人人，以至万物。正如钱穆先生所说，中国文化的传统精神"寄托在各个人之身与心，乃以各个人为中心出发点，因此推去，到人皆可以为尧舜，到各自身修而家齐国治天下平"①。

中国人自己的生存生活条件即为中国文化条件，中国人在其世世代代休养生息的环境中，受到特殊的地理条件和气候因素的影响，逐步形成了特殊的经济、政治社会环境，并逐步融凝成中华民族，形成安足静定、和合尚中、厚德载物、自强不息的文化特质和民族精神，重视人的生活，重视人的心灵生活、文化价值，重视人生意义的追寻和体现，最终形成中华

---

① 钱穆：《中国历史精神》，《钱宾四先生全集》（29），第159页。

民族的崇德特质，道德中心的德性主义和注重伦理关系的伦理精神成为中国文化的特殊精神和核心。所以，在钱穆先生看来，道德对于每一个中国人的生活和人生幸福具有重要的意义和价值。每个道德个体都涵养其德，由己及人，推至人人，以至人人都涵养其德，整个社会就能如小流汇成江海般形成道德德性的合力，构成社会良好的道德氛围。在社会人际交往当中，每个人外践其德，并以伦理秩序加以约束和规范，形成行为规范的合力，构成社会良好的伦理秩序。所以，正确认识和理解钱穆先生的文化-道德观，有助于国人进一步认识到道德之于生活及人生意义的重要价值。

三　推动道德建设更加贴近民众生活和实践

钱穆先生的文化观首先是人文主义的文化观，用文化来概括和包含人类生活的方方面面，将文化定义为人类大群的集体生活，并且明确了文化所具有的时间性、空间性、持续性、整合性、整体性等特性。

无论是西方哲学反思的道德诠释路径、宗教神启道德诠释路径，都有一个共同的弊端，即将道德置于人们的日常生活之上，认为道德之于人生，要么是经过理性反思的逻辑推理结果，要么是虚无缥缈的上帝的旨意。这些理论固然有其自身的优势，但如果道德在发挥作用的时候总是与人的现实日常生活有一定的距离，其在指导人们的日常行为、调节人伦关系时，就会或多或少地产生偏差和不适用的情况，就需要人们进一步寻找更恰当的道德原则，这样容易造成社会道德规范和原则的混乱，降低道德的规范效力和效率。所以需要人们无论是从理论层面，还是从实践层面，都呼唤道德回归人们的日常生活。道德"回归生活业已成为许多思想家的特别是现当代思想家的一种共识，胡塞尔、维特根斯坦、海德格尔、伽达默尔、哈贝马斯、吉登斯等概莫如此"①。所以在西方以哲学反思和宗教神启为主的道德诠释背景之下，有学者关注到现实生活之于道德的基础地位和先在前提性是难能可贵的。

道德源于人们的生活，人们的日常生活也需要道德的指导和规范，道德是人们生活中的必要因素，其反映人们的生活并为人们的生活服务。首

---

① 易小明、李伟：《道德生活概念论析——兼及道德与生活的关系》，《伦理学研究》2013 年第 5 期。

先，从道德产生来看，道德源于生活，生活需要道德。因为道德可以使人的个体生活更加理性和充满德性，也能够使人的社会生活更加规范和有秩序，还能够保障人们正当的利益，不互相伤害。正如弗兰克·梯利所认为的，道德规范能够确保人们的个体和社会生活，道德的行为能够促进社会和个人的利益，在道德规范的范围内，能够促使道德个体避免损害彼此的利益而追求各自正当的利益。① 社会生活需要道德的引导和约束，如果人们的生活缺乏道德，那么生活将是混乱、无序的，甚至是没有意义和价值的。生活中的物质生产实践所创造的经济生活状况是道德产生的基础，为道德的产生创造基础条件。人们在生活中的社会交往实践能够使自身面临人与自身、人与人、人与社会、人与自然等冲突与矛盾，要调节和弥合这些矛盾，就需要个体德性以及社会道德，所以说，生活使得道德的产生成为必然。其次，道德的意义和价值最终指向人们的生活，是为了使人们的生活更加美好。所以，人需要道德将其引向更加有序、美好的生活，所以，关于道德和生活，可以说道德的产生和运用是为生活服务的。正如学者唐汉卫所言，由于"生活"的范畴大于"道德"的范畴，生活能够深刻而完美地体现人们的存在和生活方式，人的本质是在其生活过程中体现的，所以人们的道德为生活而服务。② 道德不仅源于生活，更需要为生活服务，所以道德离不开现实生活，甚至一切活动如果脱离了现实生活都会表现得虚无、空洞、抽象，因为人的一切活动只有在现实的生活中才能够得到展现和说明，生活是对人的存在意义最为充分的表达，也是对人的存在方式最为真实、贴切的展现。

钱穆先生将文化归结为人类大群的集体生活，从人类生活，即文化的角度诠释道德，通过揭示中国文化与道德的关系，能够让我们更好地理解中国文化、道德以及中国人的文化特质和道德特质。这种文化−道德观最突出的特点就是能够让人们认清文化与道德的关系、生活与道德的关系，使得人们能够从贴近日常生活与实践的角度去理解道德，进而使道德能够回归人们的日常生活本身，回归生活实践，紧贴人们的生活实践，呈现生活之于道德的本源性、先在性，凸显道德之于人们生活的指导性、调节性和价值性，更好地参与和指导人们的日常生活。

---

① 〔美〕弗兰克·梯利：《伦理学概论》，何意译，中国人民大学出版社，1987，第184页。
② 唐汉卫：《从道德与生活的关系看生活道德教育的合理性》，《教育探索》2004年第12期。

结　语

　　钱穆先生将文化定义为人类大群的集体生活，从最为宽泛的角度理解，文化即人生、人的生活。强调生活之于人们思想观念形成的优先性，生活与文化之于道德的先在性和本源性。中国文化的特质为最重道德，中国文化精神为道德精神，强调中国文化以道德为核心。这种从文化、生活的角度理解和诠释道德的方法，可以被称为文化-道德观。

　　不可否认，人们的生活优先于人们的道德而存在。从西方词源意义上讲，道德（moral）有"风俗、习惯"的原始含义，据此可知，道德和习俗之间的关系密切而直接，原始的道德存在、产生于习俗之中，道德是由习俗演变而产生的。① 习俗就是体现于人们日常生活中，并逐渐被人们认可的共识经验的总结。基于这种生活之于道德的先在性，钱穆先生认为，忠和孝两种德性，在孔子所创立的儒家思想产生之前，早已存在于人们的日常实践之中，根深蒂固。孔子在体会和感受过忠和孝之后，被其中的真挚情感所打动，将其订立为孔学教育弟子的纲目之一。如果我们认为，这些道德德性和规范，是孔子凭其一己之力凭空制定出来的，就相当于脱离实际和历史事实。② 所以，我们认为关乎人们价值系统的典章制度、道德规范，恰来源于民众的日常生活和以往文化。余英时先生也认为，钱穆先生主张儒家所制定的价值和道德规范，并非由古圣昔贤凭空制造，而是这些价值规范系统原本就存在于人们的日常生活之中，由古圣昔贤从中提炼出来，制定、整理成了系统，这些道德规范系统也正是由于来源于人们的日常生活，才能够适应人们的生活并且产生深厚的影响。③ 所以，伦理道德并非某

---

　　① 韩东屏：《道德究竟是什么——对道德起源与本质的追问》，《学术月刊》2011年第9期。
　　② 钱穆：《中国学术思想史论丛》（一），《钱宾四先生全集》（18），第196页。
　　③ 余英时：《钱穆与新儒家》，《钱穆与现代中国学术》，广西师范大学出版社，2006，第39页。

位圣人、伦理学家所指定或颁布的戒律规范，而是由人们的生活而来。这高度肯定了道德的生活来源、社会现实来源，也强调了道德的实践、生活和文化性质。由于钱穆先生将文化定义为"人类大群的集体生活"，文化即人的生活，我们也可以将道德的来源与根基理解为文化，尤其在中国文化语境中，道德来源于文化，文化为道德的母体和基础。

在中国文化语境中，之所以会重视道德，是由中国文化的特质和精神所决定的。如前所述，钱穆先生认为中国文化的特质在于最重道德，中国文化的精神为道德精神，可见道德之于中国文化的地位与重要性。在钱穆先生对于中国文化的论述中文化的核心始终是道德，这体现出先生所秉持的儒学本位文化观的立场。道德是中国文化的核心和灵魂，主要从三个向度体现：其一，在文化要素层面，在中国文化中，道德处于领导和核心地位。从文化的实体层面来讲，道德的作用在于领导和协调文化各要素在文化中的安排和配比，促进文化各要素搭配妥帖，健康发展。其二，道德在文化结构层次中属于最高阶层的精神层面，精神层面是以价值-规范体统为核心的，在中国，这种文化的价值规范系统是由道德来承担的。从人生意义和价值的超越层面来讲，道德的作用在于指导和引导人们追寻生活的价值和意义，追寻合理的生活方式，实现个人的完善、人际关系的和谐以及幸福生活的达成。其三，中国文化以儒家思想为主干，儒家思想是一种德性主义文化，以道德为中心。中华民族历史绵延悠长，受儒家道德思想影响，将道德渗透到人伦日用的各个方面，这是事实，也是受到学者认同的共识性认识。

不同于西方理性反思型、宗教神启型的道德诠释路径，钱穆先生从历史文化的角度理解和诠释道德的方法，有其特有的优点以及优势。由于"每一个群体的生活世界是由这个群体的文化所塑造的。个人的生活世界，是由他们所属的不同群体中所有相互交织的文化力量组成，并且由他们生活其中的社会语境所构建"①，即不同地域、不同民族、不同群体所产生的文化带有其自身地域、民族的烙印，所以各种文化都具有其自身的特殊性。钱穆先生在讨论文化问题时也突出了文化的特殊性和民族性。所以由生活

---

① 〔英〕戴维·英格利斯：《文化与日常生活》，张秋月、周雷亚译，中央编译出版社，2010，第15页。

与文化所产生的道德观念和道德情感，也带有特定的地域性和民族性。中国这种从历史文化角度理解和诠释道德的路径具有符合中国社会、民族特殊性的合理性，中国这种从生活、文化的角度理解和诠释道德的方法也更加符合中国社会现实、中华民族生活，更加符合中华民族日常生活体验和经验，也更能让中国人从日用层面产生对道德的感知、共鸣和认同。可以说，这种从文化、生活的角度理解和诠释道德，可以使人们对中国道德的认识更加接近客观现实和真理。学者肖群忠在讨论文化型道德论的优势时，认为文化-道德观最大的优势在于更具合理性和真理性，与中国人日常伦理生活现实相符合，这样能够更加有利于伦理与民众的生活和实践相贴近。[①]也就是说，从文化、生活的角度理解和诠释道德，首先，体现了文化、生活，以及源自文化、生活的道德的客观事实；其次，更加突出道德和伦理的实践品质；最后，更加突出人民群众作为文化主体的积极性与创造性。除此之外，还能够明确道德的文化根基，以及中国文化以道德为核心。这些不仅为当今伦理学学术研究打开了思路、拓宽了视野，更对当今社会，尤其是中国社会的文化建设和道德建设具有启发和借鉴意义。

在文化建设方面。第一，要正确认识中国文化精神和中国文化的特质，突出道德在文化建设中的传统优势和重要地位。当今中国，受多元文化和价值观的影响，"在国际国内形势深刻变化、我国经济社会深刻变革的大背景下，由于市场经济规则、政策法规、社会治理还不够健全，受不良思想文化侵蚀和网络有害信息影响，道德领域依然存在不少问题。一些地方、一些领域不同程度存在道德失范现象，拜金主义、享乐主义、极端个人主义仍然比较突出；一些社会成员道德观念模糊甚至缺失，是非、善恶、美丑不分，见利忘义、唯利是图，损人利己、损公肥私；造假欺诈、不讲信用的现象久治不绝，突破公序良俗底线、妨害人民幸福生活、伤害国家尊严和民族感情的事件时有发生"[②]。造成这些现象的社会现实原因，大致可以归结为以下两点。一方面在于人们的道德意识淡薄。当今中国社会，受到西方多元文化的渗透、影响和冲击，人们的价值呈现多元化趋势。中国

---

① 肖群忠：《论中国伦理的文化根基与诠释路径》，《新疆师范大学学报》（哲学社会科学版）2016 年第 5 期。

② 《新时代公民道德建设实施纲要》，人民出版社，2019，第 2~3 页。

社会虽不自产宗教，但儒家思想统治、影响中国人思想千百年，崇德向善思想在很长一段时间是中国人世世代代心中永恒的道德法则，现如今，传袭至今的中国文化崇德向善的价值核心不再是人们单一的价值追求和标准，人们面临更多的价值导向和利益诱惑，价值混乱所造成的后果便是中国人的信仰危机。当人们在行为处世时，心中的道德法则缺位或无效，就会面临道德自觉缺失、道德意志涣散、道德品格沦丧。如果由道德信仰的危机恶化成道德在社会当中的真空状态，那么会对社会造成极大的危害。另一方面在于人们的伦理观念冷漠，缺乏人际交往应有之"礼"。道德发挥效力主要需要经过由他律向自律转化的过程，进而在人们的道德自觉中，形成人们自觉讲道德、遵道德、守道德的道德实践。在社会生活不可避免的人际交往中，更需要人们自觉地讲伦理、遵伦理、守伦理。然而现实生活当中，确实有很多人连自我心中的德性信仰都缺失，更何况对"他者"的"守礼"观念了。很多人在社会交往中表现出自私自利、蛮横无理、行为失序，这给社会带来了不稳定因素。所以，中国文化建设仍然需要重视伦理道德的重要地位，在努力建设文化硬实力的同时，以更为重要的文化软实力为支撑和保障。

第二，帮助国人树立文化认同和文化自信。钱穆先生是"文化乐观主义者"，在对中国文化进行充分了解、深刻洞悉之后，对中国文化抱有强烈的认同、高度的自信。尤其要充分认识到，中国传统文化的核心为道德，核心精神为道德精神，这种道德精神具有强大的生命力和复活力，支撑和推动着中国文化的生命和发展。并且，中国文化以道德为中心和领导力量，是其较之西方文化最大的特点所在。中华文化绵延五千年，悠然长存，发展至今，便是最好的明证。所以，面对中国文化，我们在对其进行充分认知和了解的基础上，有理由发掘其魅力和优势所在，也有理由对我们存在于其中、亲身体验和感受的中国文化更有认同和自信，这样才能更好地促进中国文化的发展。党的二十大报告指出，"推进文化自信自强，铸就社会主义文化新辉煌"①，并强调"实施公民道德建设工程，弘扬中华传统美德，加强家庭家教家风建设，加强和改进未成年人思想道德建设，推动明大德、

---

① 《中国共产党第二十次全国代表大会文件汇编》，人民出版社，2022，第35页。

守公德、严私德，提高人民道德水准和文明素养"①。这深刻体现出对我国道德建设的高度重视，也体现出道德建设、文化建设、文化自信、文化自强之间的紧密联系。

第三，当今中国文化的发展需要建立在中国以往传统文化和历史基础之上。由钱穆先生对于文化的定义及讨论，我们可以深刻感受到他非常重视文化的民族性和历史性。"我们该了解，'民族'、'文化'、'历史'，这三个名词，却是同一个实质。民族并不是自然存在的，自然只能生育有人类，不能生育有民族。中国人必然得在其心灵上，精神上，真切感觉到'我是一个中国人'。这一观念，由于中国民族的历史文化所陶冶而成，却不是自然产生的。所以'民族精神'，乃是'自然人'和'文化意识'融合而始有的一种精神，这始是'文化精神'，也即是'历史精神'。只有中国历史文化的精神，才能孕育出世界上最悠久、最伟大的中国民族来。"②所以，文化的现代发展不可能脱离文化的历史传统，中国文化的现代发展需要以中国文化的历史传统为基础，以中国文化的历史传统精华为基础。这里，并不是否定中西文化的互相交流、和合会通，而是强调文化间互相交融、和合会通的前提和基础，仍然来自中国传统历史和文化，尤其是中国传统历史和文化的精华。

在道德建设方面。第一，能够帮助人们认识到道德之于生活及人生幸福的重要价值和意义。根据钱穆先生的道德观，道德的作用在于指引和指导人们追寻人生之"善"，追寻高尚的理想人格，追寻人生的价值和意义，具体来讲，也就是"成己""成人""成物"。中国传统文化之道德，非常注重人们通过道德达至个体的自我完善以及人与人相处的和谐，所以需要道德与伦理调节、规范人们的日常生活。"对理想、幸福和德性的追求就是对好生活的追求……生活必须要有过一种好生活的理想，要有幸福的期待与追求，要有自我完善的憧憬和目标，要不断实现从现实的我到理想的我的超越。"③所以，道德之于中国人生活及人生幸福的价值和意义非常重要。

第二，明确道德建设的中国文化根基。文化和生活对于道德来说具有

---

① 《中国共产党第二十次全国代表大会文件汇编》，人民出版社，2022，第37页。
② 钱穆：《中国历史精神》，《钱宾四先生全集》（29），第12页。
③ 肖群忠：《论生活与伦理的关系》，《中国人民大学学报》2018年第3期。

先在性，道德来源于人们的生活和文化，文化和生活是道德的母体和基础。所以，钱穆先生文化-道德观中这一对文化与道德关系的揭示，可以帮助我们明确道德建设的文化根基。根据钱穆先生关于文化具有特殊性、历史性、民族性的判断，不同地域、不同民族创造出来的文化具有其特殊性，因此，对于道德的认识和理解也具有特殊性、历史性和民族性。这就造就了不同地域、不同民族的文化特色和文化精神差异，重点表现为文化价值观念系统的差异，道德作为文化价值观念的核心，进而，我们也可以将这种差异延伸理解为道德观的差异。中国文化基于以农业为主导的生产生活方式，塑造出中华民族内倾型的文化性格，以儒家道德思想为中心，成为最重视道德的文化形态，这是中国历史事实。在钱穆先生看来，崇德重德是中国文化的特质，道德精神是中国文化独有的发展动力。这些都被深深地刻上"中国"的烙印，刻上"中国文化"的烙印。所以，在道德建设中，要意识到文化和生活之于道德的基础和母体地位。要注意"道德的传承性依赖于文化的传承性，没有了文化的支撑，道德就如无源之水，无本之木。现代道德就是在传统文化的支撑和滋养下传承并发扬光大的"①。现今，我们在道德建设的过程中，如果忽视或摒弃中国传统文化的精华部分，全盘否定，照搬西方，我们的道德将会成为"无源之水"，落实到人们的生活中也会产生"水土不服"、价值混乱等问题。所以，在当今道德建设乃至一切方面的建设中，积极汲取传统文化中的精华部分，"要用中华民族创造的一切精神财富来以文化人、以文育人，决不可抛弃中华民族的优秀文化传统"②。与此同时，"要求人们在学习、研究、应用传统文化时坚持古为今用、推陈出新，结合新的实践和时代要求进行正确取舍"③，注重道德建设的中国文化根基，让其在中华传统优秀文化精华的基础上融合西方文化和道德先进思想，实现创造性转化和创新性发展。

　　第三，有助于道德建设更加贴近民众生活与实践。钱穆先生的文化-道德观，从文化的角度去理解和诠释道德，揭示了人们的生活和文化之于道德的先在性和优先性，道德从人们的生活实践中来，文化是道德的母体和

①　刘巧凤：《道德调整中的传统文化根基》，《沈阳师范大学学报》（社会科学版）2009 年第 6 期。
②　《习近平总书记系列重要讲话读本》，学习出版社、人民出版社，2014，第 100 页。
③　习近平：《在纪念孔子诞辰 2565 周年国际学术研讨会暨国际儒学联合会第五届会员大会开幕会上的讲话》，人民出版社，2014，第 11 页。

基础，道德是文化的核心和灵魂。如前所述，文化-道德观的特点和优势体现在，使道德更加贴近中国的社会现实，更加贴近民众的日常生活和实践，更强调了民众在道德建设的主体地位，以激发人民群众在道德建设中的积极性和创造性。这种从文化、生活、实践的角度对道德的理解和诠释，也是在呼唤道德对人们生活的回归，确切来讲，是呼唤道德对人们日常实践生活的回归，道德来源于人们的生活和实践，始终是要为人生及人的生活服务的。"生活包含了道德并深沉地呼唤需要道德，道德必须表现为生活并为生活服务。"[1] 所以从文化-道德观的角度去理解和诠释道德能够体现道德所具有的文化性、生活性和实践性，能够更好地反映和指导人们的日常生活和实践，指导人们追寻合理的生活方式，更加注重从实践的角度去追求生活的意义和价值，追求人生的理想和幸福生活。让当今中国的道德建设能够以中国人传统的道德价值观为基础，结合中国人当下的道德实践现实，面向当代中国人的道德关切，构建更加贴近中国人的道德和伦理话语语境和研究范式，增强当代中国道德建设的实效性。

习近平总书记强调："国无德不兴，人无德不立。必须加强全社会的思想道德建设，激发人们形成善良的道德意愿、道德情感，培育正确的道德判断和道德责任，提高道德实践能力尤其是自觉践行能力，引导人们向往和追求讲道德、尊道德、守道德的生活，形成向上的力量、向善的力量。只要中华民族一代接着一代追求美好崇高的道德境界，我们的民族就永远充满希望。"[2] 钱穆先生坚持的人文主义文化观，其对中国传统文化的深情和敬意，对中国文化的深刻洞见，对中国文化特征的分析，对中国文化未来发展的预测和信心，强调中国文化崇德向善的道德精神，注重文化和生活为道德的母体和基础，道德为中国文化的核心和灵魂等思想能够为当今我国文化建设、道德建设的开展，正确认识文化建设与道德建设之间的关系等理论与实践，提供一些启发和借鉴。

---

[1] 王泽应：《论道德与生活的关系及道德生活的本质特征》，《伦理学研究》2007 年第 6 期。

[2] 《习近平关于社会主义文化建设论述摘编》，中央文献出版社，2017，第 137 页。

参考文献

钱穆著作

《钱宾四先生全集》，联经出版事业股份有限公司，1998。

《钱穆先生全集》，九州出版社，2011。

《钱穆先生著作系列》，九州出版社，2012。

《中国文化史导论》，商务印书馆，1994。

（汉）许慎：《说文解字》，浙江古籍出版社，2016。

（汉）赵岐注，（宋）孙奭疏《孟子注疏》，北京大学出版社，1999。

（魏）何晏注，（宋）邢昺疏《论语注疏》，北京大学出版社，1999。

（魏）王弼、（晋）韩康伯注，（唐）孔颖达疏，郑同整理《周易正义》，九州出版社，2020。

（魏）王弼注《老子道德经注校释》，中华书局，2008。

（宋）程颢、程颐：《二程集》，齐鲁书社，1992。

（宋）朱熹：《四书章句集注》，中华书局，1983。

（宋）朱熹：《四书集注》，岳麓书社，1987。

（宋）朱熹：《周易本义》，中华书局，2009。

（明）王守仁：《王阳明全集》，上海古籍出版社，1992。

（清）郭庆藩辑《庄子集释》，中华书局，1961。

（清）刘宝楠撰《论语正义》，中华书局，1990。

（清）孙希旦：《礼记集解》，中华书局，1989。

（清）王先谦：《荀子集解》，中华书局，1988。

陈柱：《中庸通义　中庸注参》，华东师范大学出版社，2011。

杨伯峻译注《论语译注》，中华书局，2006。

杨伯峻译注《孟子译注》，中华书局，2010。

陈来：《古代宗教与伦理》，三联书店，2009。

陈序经：《陈序经学术论著》，浙江人民出版社，1998。

陈勇：《钱穆传》，人民出版社，2001。

戴景贤：《钱宾四先生与现代中国学术》，东方出版中心，2016。

樊浩：《文化与安身立命》，福建教育出版社，2009。

方朝晖：《"三纲"与秩序重建》，中央编译出版社，2014。

方克立：《现代新儒学与中国现代化》，天津人民出版社，1997。

冯友兰：《冯友兰文集》，长春出版社，2017。

辜鸿铭：《中国人的精神》，湖南人民出版社，2022。

郭齐勇、汪学群：《钱穆评传》，百花洲文艺出版社，2015。

郭夏娟、应杭：《卑贱与我无缘——伦理学精华》，上海文化出版社、香港海风出版社，1990。

胡适：《胡适文集》，人民文学出版社，1998。

黄海德、张禹东主编《宗教与文化》，社会科学文献出版社，2005。

焦国成：《中国伦理学通论》（上册），山西教育出版社，1997。

劳思光：《新编中国哲学史》，广西师范大学出版社，2005。

李琪明：《伦理与生活》，五南图书出版公司，2003。

梁漱溟：《东西文化及其哲学》，商务印书馆，2010。

柳诒征：《中国文化史》，东方出版中心，2007。

罗国杰主编《伦理学》（修订本），人民出版社，2014。

罗国杰主编《中国传统道德》，中国人民大学出版社，2012。

罗国杰主编《中国伦理思想史》，中国人民大学出版社，2003。

倪梁康选编《胡塞尔选集》（下），上海三联书店，1997。

宋希仁主编《西方伦理思想史》，中国人民大学出版社，2010。

宋志明：《现代新儒家研究》，中国人民大学出版社，1991。

唐君毅：《唐君毅全集》，九州出版社，2016。

韦政通：《伦理思想的突破》，四川人民出版社，1988。

韦政通：《儒家与现代中国》，上海人民出版社，1990。

韦政通：《中国思想史》，吉林出版集团有限责任公司，2009。

魏兆锋：《钱穆教育生涯的历史考察》，九州出版社，2018。

萧公权：《中国政治思想史》，新星出版社，2005。

肖群忠：《中国道德智慧十五讲》，北京大学出版社，2008。

徐国利：《钱穆史学思想研究》，台湾商务印书馆，2004。

许冠三：《新史学九十年》，岳麓书社，2003。

叶龙记录整理《钱穆学术文化九讲》，天地出版社，2017。

殷海光：《中国文化的展望》，上海三联书店，2002。

余英时：《钱穆与现代中国学术》，广西师范大学出版社，2006。

余英时：《钱穆与中国文化》，上海远东出版社，1994。

余英时：《中国思想传统的现代诠释》，江苏人民出版社，2003。

张岱年、方克立：《中国文化概论》，北京师范大学出版社，1994。

中国伦理思想史编写组编《中国伦理思想史》，高等教育出版社，2015。

中国人民政治协商会议江苏省无锡县委员会编《钱穆纪念文集》，上海人民出版社，1992。

朱贻庭主编《伦理学大辞典》（修订本），上海辞书出版社，2011。

〔法〕涂尔干：《道德教育》，陈光金等译，上海人民出版社，2001。

〔美〕邓尔麟：《钱穆与七房桥世界》，蓝桦译，社会科学文献出版社，1998。

〔美〕孙隆基：《中国文化的深层结构》，广西师范大学出版社，2004。

〔日〕福泽谕吉：《文明论概略》，北京编译社译，商务印书馆，2009。

陈冠伟：《钱穆的礼文化价值观研究》，《湖南大学学报》（社会科学版）2016年第4期。

陈来：《孔子思想的道德力量》，《道德与文明》2016年第1期。

陈泽环：《经济应该由道德和政治来领导——试论钱穆的经济文化观》，《孔子研究》2013年第1期。

段吉福：《历史文化意识观照下的德性主体——钱穆人生价值论》，《西南民族学院学报》（哲学社会科学版）1998年第S1期。

高新民、胡永周：《钱穆"安心之学"——价值性心灵哲学的视角》，《伦理学研究》2018年第2期。

郭齐勇、汪学群：《钱穆的文化学理论》，《中州学刊》1995 年第 1 期。

韩东屏：《道德究竟是什么——对道德起源与本质的追问》，《学术月刊》2011 年第 9 期。

侯敏：《钱穆〈晚学盲言〉的"和合"观念及其价值诉求》，《江南论坛》2015 年第 9 期。

康志杰：《钱穆文化观之分析》，《马克思主义与现实》2010 年第 3 期。

赖功欧：《论钱穆的"人文演进"观》，《江西社会科学》1999 年第 9 期。

乐爱国：《钱穆、牟宗三对于朱熹"心统性情"的不同诠释》，《河北学刊》2015 年第 2 期。

乐爱国、陈昊：《以"克己"代"敬"——钱穆论朱子晚年工夫转向》，《学术界》2016 年第 10 期。

李冬君：《钱穆的儒家本位文化观述评》，《华侨大学学报》（哲学社会科学版）1999 年第 4 期。

李建华：《从道德理性走向道德情感——近代西方道德情感理论述评》，《中南工业大学学报》（社会科学版）2000 年第 1 期。

李丽：《文化的三阶层——论钱穆的"文化构成"说》，《南昌航空大学学报》（社会科学版）2014 年第 3 期。

廖建平：《论钱穆的艺术人生观》，《求索》2003 年第 1 期。

廖建平：《钱穆的人类生命观及其意义》，《江汉论坛》2003 年第 11 期。

刘巧凤：《道德调整中的传统文化根基》，《沈阳师范大学学报》（社会科学版）2009 年第 6 期。

刘为光：《钱穆人性论思想略论》，《科教文汇》（中旬刊）2015 年第 5 期。

刘嫄嫄：《钱穆的文化自由主义》，《齐鲁学刊》2014 年第 2 期。

吕绍勋：《钱穆先生眼中的中国文化精神》，《太原学院学报》（社会科学版）2017 年第 5 期。

罗义俊：《钱穆学案》，载方克立、李锦全主编《现代新儒家学案》，中国社会科学出版社，1995。

钱婉约：《钱穆及其文化学研究》，《武汉大学学报》（社会科学版）

1989 年第 5 期。

钱逊：《中国传统道德精神》，《齐鲁学刊》1994 年第 2 期。

石力波：《从人性本善、向善到人性应善、必善——钱穆对传统"性善论"思维的继承与发展》，《管子学刊》2013 年第 2 期。

宋薇：《钱穆"道"论及其美学阐释》，《河北大学学报》（哲学社会科学版）2010 年第 3 期。

宋薇：《钱穆"心"论探析》，《河北学刊》2012 年第 4 期。

宋薇：《钱穆生生之乐见解的美学阐释》，《河北大学学报》（哲学社会科学版）2008 年第 4 期。

万俊人：《人为什么要有道德?》（下），《现代哲学》2003 年第 2 期。

王晓黎：《钱穆论"中国文化的精神"》，《贵州大学学报》（社会科学版）2012 年第 6 期。

王泽应：《论道德与生活的关系及道德生活的本质特征》，《伦理学研究》2007 年第 6 期。

魏兆锋：《钱穆论中国传统为师之道》，《当代教育科学》2016 年第 15 期。

魏兆锋：《钱穆论中国传统尊师之道》，《教育观察》2016 年第 3 期。

翁有为：《钱穆文化思想研究》，《河南大学学报》（社会科学版）1992 年第 4 期。

武才娃：《钱穆的德性知识——读〈晚学盲言〉札记》，《湖南科技学院学报》2007 年第 3 期。

肖群忠：《道德究竟是什么》，《西北师大学报》（社会科学版）2004 年第 6 期。

肖群忠：《论生活与伦理的关系》，《中国人民大学学报》2018 年第 3 期。

肖群忠：《论中国伦理的文化根基与诠释路径》，《新疆师范大学学报》（哲学社会科学版）2016 年第 5 期。

杨国荣：《道德与价值》，《哲学研究》1999 年第 5 期。

杨岚：《钱穆论中国现代文化的出路》，《中州学刊》1995 年第 6 期。

易小明、李伟：《道德生活概念论析——兼及道德与生活的关系》，《伦理学研究》2013 年第 5 期。

俞启定：《钱穆人文主义教育思想述要》，《河北师范大学学报》（教育科学版）1999 年第 1 期。

顾梅：《钱穆先生的儒学观述评》，博士学位论文，苏州大学，2012。

李承福：《儒学本位 据旧开新——钱穆文化观研究》，博士学位论文，南开大学，2014。

沈文博：《文化世界中的政治意识——钱穆"政道论"研究》，博士学位论文，华中师范大学，2018。

徐国利：《钱穆史学思想研究》，博士学位论文，中国社会科学院研究生院，2000。

图书在版编目（CIP）数据

　钱穆文化-道德观研究 / 姚楠著. -- 北京：社会科
学文献出版社，2023.12
　（新疆大学铸牢中华民族共同体意识研究丛书）
　ISBN 978-7-5228-2413-0

　Ⅰ.①钱…　Ⅱ.①姚…　Ⅲ.①钱穆（1895-1990）-
文化思想-研究②钱穆（1895-1990）-道德观念-研究
Ⅳ.①K825.81

　中国国家版本馆 CIP 数据核字（2023）第 165423 号

·新疆大学铸牢中华民族共同体意识研究丛书·

钱穆文化-道德观研究

著　　者 / 姚　楠

出 版 人 / 冀祥德
责任编辑 / 袁卫华
责任印制 / 王京美

出　　版 / 社会科学文献出版社 · 人文分社（010）59367215
　　　　　地址：北京市北三环中路甲 29 号院华龙大厦　邮编：100029
　　　　　网址：www.ssap.com.cn
发　　行 / 社会科学文献出版社（010）59367028
印　　装 / 三河市尚艺印装有限公司

规　　格 / 开　本：787mm × 1092mm　1/16
　　　　　印　张：12　字　数：186 千字
版　　次 / 2023 年 12 月第 1 版　2023 年 12 月第 1 次印刷
书　　号 / ISBN 978-7-5228-2413-0
定　　价 / 98.00 元

读者服务电话：4008918866